著作获新疆维吾尔自治区一流本科专业（

建设经费资助

语篇中汉维
连贯复句
对应表达比较研究

张美涛 ◎ 著

Yupianzhong Hanwei Lianguan Fuju
Duiying Biaoda Bijiao Yanjiu

中央民族大学出版社
China Minzu University Press

图书在版编目（CIP）数据

语篇中汉维连贯复句对应表达比较研究 / 张美涛著 . —北京：中央民族大学出版社，2023.11

ISBN 978-7-5660-2264-6

Ⅰ . ①语… Ⅱ . ①张… Ⅲ . ①汉语—复句—类型学（语言学）—对比研究—维吾尔语（中国少数民族语言） Ⅳ . ① H146.3 ② H215

中国国家版本馆 CIP 数据核字（2023）第 221651 号

语篇中汉维连贯复句对应表达比较研究

著　　者	张美涛
责任编辑	买买提江·艾山
封面设计	舒刚卫
出版发行	中央民族大学出版社
	北京市海淀区中关村南大街 27 号　　邮编：100081
	电话：（010）68472815（发行部）　传真：（010）68933757（发行部）
	（010）68932218（总编室）　　　　（010）68932447（办公室）
经 销 者	全国各地新华书店
印 刷 厂	北京鑫宇图源印刷科技有限公司
开　　本	787×1092　1/32　印张：6.5
字　　数	135 千字
版　　次	2023 年 11 月第 1 版　2023 年 11 月第 1 次印刷
书　　号	ISBN 978-7-5660-2264-6
定　　价	42.00 元

摘　要

　　汉语在类型上属于分析式语言，维吾尔语属于黏着式语言。这是在句法层面对汉维两种语言进行研究所得出的结论。我们的研究在篇章层面（复句）展开，突破了以往的研究范围，将研究对象扩展到复句层面，对汉维连贯复句进行比较。我们立足于语言类型学的理论框架，对汉维连贯复句的句型特点进行比较研究所得出的结论是：汉维连贯复句在形态类型上具有典型意义，即汉语连贯复句属于分析式，维吾尔语连贯复句属于包含式。我们从汉维连贯复句层面也证明了两种语言在类型上的不同特征。因此，我们在语篇中对汉维连贯复句进行比较，这也是研究理论与研究方法的创新之处。

　　本文由绪论、六个章节和结论构成。

　　绪论部分提出了研究对象、选题目的及意义、研究思路和方法等。

　　第一章，是在前人研究基础上，对汉维复句及连贯复句所做的研究综述。指出汉维连贯复句研究还欠缺借助新理论以及多种研究方法并用的研究。

第二章，首先介绍了语言类型学的发展情况及研究成果，接着对汉维句法特点进行了梳理与归纳，指出汉维句法上的特点。最后对汉维连贯复句句型特征进行了分析与探讨，发现汉语连贯复句属于分析式；维吾尔语连贯复句属于包含式和分析式两种。其中汉语连贯复句的分析式与维吾尔语连贯复句的包含式在类型学上具有典型意义。这些特征与汉维句法特征相吻合。

第三章，在句法、语义及语用层面上对汉维连贯复句进行考察，发现汉维连贯复句的共同点是无论分句在结构上是否独立，其语义都是完整的、自足的。不同的是汉语连贯复句分句结构上具有独立性，但在语用层面上不具有独立性，独立的语用表述性依靠前后分句共同完成。而维吾尔语连贯复句的分句在结构上具有主从关系，语用层面上也体现主从关系。

第四章，对汉维连贯复句进行了比较。我们从汉维连贯复句的句型入手，探讨了汉维连贯复句的形式构成特点，发现汉语连贯复句或借助关联标记或不借助关联标记仅靠语序进行衔接；而维吾尔语连贯复句借助 $-^0p$ 副动词结构（动词性非人称形式）充当分句谓语部分，在结构上不具有独立性，内嵌于具有人称与时标记的主句中，表现出内嵌式。

第五章，从汉维连贯复句关联模式入手，分别分析了汉维连贯复句的关联手段。通过比较，得出汉维连贯复句关联模式的异同特征。

第六章，我们以汉维版《党的十八届中央委员会向中国共产党第十九次全国代表大会的报告》《党的十九届中央委员会向中国共产党第二十次全国代表大会的报告》中的连贯复句为研究对象，通过数据量化分析，揭示其连贯复句在维吾尔语中的对应表达特点及句际衔接手段的倾向性。

最后是本文的结论，对全文进行了总结。

关键词：语篇；汉语；维吾尔语；连贯复句；类型；比较

ABSTRACT

Chinese is an analytical language in terms of type, and Uyghur is an adhesive language. This is the conclusion drawn from the study of syntactic level. Our research is carried out at the textual level(complex sentences). Based on the theoretical framework of linguistic typology, we compare the characteristics of the sentence pattern of the coherent complex sentence in Chinese and Uyghur language. The conclusion is that the coherent complex sentence in Chinese and Uyghur language has typical significance in the form type, that is, the Chinese coherent complex sentence belongs to the analytical; Uyghur coherent complex sentences belong to inclusive type. We also prove the different characteristics of the Chinese and Uyghur language in terms of its type from the level of coherent complex sentences. This is also the innovation of research theory and research methods.

This article is composed of introduction, six chapters and conclusions.

The introduction part puts forward the research objects, the significance of the topic, the research ideas and methods.

The first chapter, on the basis of the previous research, summarizes the research on the compound sentence and the coherent complex sentence. It is pointed out that the study of coherent compound sentences in the Chinese and Uyghur language is still lacking with the help of new theories and a variety of research methods.

In the second chapter, the author introduces the development of linguistic typology and the research results, then combs and summarizes the syntactic features of the Chinese and Uyghur language, and points out the syntactic features of Chinese and Uyghur language. Finally, this paper analyzes and discusses the characteristics of the Chinese and Uyghur sentence pattern, and finds that Chinese coherent complex sentences belong to analytical style. Uyghur coherent complex sentences belong to inclusive type.

In the third chapter, we investigate the syntactic, semantic and pragmatic aspects of the coherent complex sentences in Chinese and Uyghur language, and find that the common point of the coherent complex sentences in Chinese and Uyghur language is that the semantics are complete and self-contained regardless of whether the clauses are structurally independent or not. The difference is that Chinese coherent complex clauses are structurally independent, but they are not independent at the pragmatic level. Independent pragmatic expressions rely on the joint completion of the preceding and subsequent clauses. However, the clauses of the Uyghur coherent complex sentences have a master–subordinate relationship in structure, and the pragmatic level also reflects the master–subordinate relationship.

In the fourth chapter, we compare the coherent complex sentences in Chinese and Uyghur language. Starting with the form of the coherent complex sentence in Chinese and Uyghur language, we discuss the form of the coherent complex sentence in Chinese and Uyghur language, and find that the coherent complex sentence in Chinese is connected only by word order by means of association mark or without association mark. The Uyghur coherent complex sentence uses the $-^0p$ adverb verb structure(verb with non–personal form) as a part of the clause predicate. It is not structurally independent and is embedded in the main sentence with a person and tense.

In the fifth chapter, starting from the pattern of the coherent complex sentences in Chinese and Uyghur language, analyzes the means of the coherent complex sentences in Chinese and Uyghur language, Through the comparison, the similarities and differences of the patterns of the coherent complex sentences in the two language.

In the sixth chapter, we take the coherent complex sentences Report of the 18th Central Committee of the Communist Party of China to the 19th National Congress of the Communist Party of

China and Report of the 19th central committee of the communist party of china to the 20th National congeress of the communist party of china. as the research object, and analyze them quantitatively by data, this paper reveals the corresponding expressive features of the coherent complex sentence in Uygur language and the tendency of the means of inter–sentence cohesion.

Finally, the conclusion of this paper, the full text of a summary.

Key words: text; Chinese; Uyghur;Coherent complex sentence; language typology; comparison

目　录

绪　论

1 研究对象

本研究是以语篇中的汉维连贯复句为对象展开的语言研究。汉维连贯复句在语言类型学上体现出各自的特点。汉语连贯复句句型表现为分析式，而维吾尔语连贯复句句型主要表现为包含式。这些结论也佐证了汉语是以分析式为主的语言，维吾尔语是以综合式为主的语言。

经过查阅文献，发现以往的研究都是从词法及句法层面（主要是单句）对汉维两种语言进行探索，我们立足篇章语言学视野，选取汉维篇章中的连贯复句为研究对象，对连贯复句进行篇章层面的考察，同时也探讨汉维两种语言在类型学上的差异与特点。我们立足于篇章分析理论、语言类型学理论以及汉语语法相关理论对汉维连贯复句句型、表达形式及汉维连贯复句对应表达等方面进行探讨与分析，以期得出维吾尔语连贯复句句法结构上的倾向性规律及汉维连贯复句的结构类型的差异性与共同点。

此外，通过对汉维版本《党的十八届中央委员会向中国共产党第十九次全国代表大会的报告》（简称《十九大报告》）及《党的十九届中央委员会向中国共产党第二十次全国代表大会的报告》（简称《二十大报告》）中连贯复句的对应表达进行分析，考察两种语言连贯复句在句际衔接方面的不同特点，探讨汉维连贯复句的不同表达方式，找出对应表达的模式特征。

2选题目的及意义

2.1选题目的

汉语连贯复句在维吾尔语中的对应表达及对比研究的目的在于把研究成果应用于语言教学、服务于语言教学及汉维翻译等。研究立足于篇章语言学、篇章语言分析及语言类型学视角之下，对汉维连贯复句句型特点、表达形式等方面进行比较分析，得出相应结论，具有理论意义与实践意义。其一，汉维连贯复句属于篇章范畴，对于汉维篇章的翻译与教学始终是难点之一，也是重点之一。对于汉维复句的篇章分析与研究，所得规律性结论对于维吾尔语教学及翻译具有指导意义。其二，随着我国推广国家通用语言文字工作的不断深入，少数民族大学生学习国家通用语言时，同样遇到不少汉维翻译问题，其中主要涉及篇章层面的汉维翻译问题。研究汉维连贯复句等篇章内容，一方面为少数民族学生学习国家通用语言，提高国家通用语言运用能力有所帮助；另一方面能够为学习维吾尔语专业的大学生提升维吾尔语的表达与写作提供参考与借鉴。

同时，研究内容及语料包含《十九大报告》《二十大报告》中的连贯复句等。研究政论文中连贯复句在维吾尔语中的对应表达，不仅能够为政论文的汉维互译问题提供理论支撑，还能够加强少数民族地区民众对党中央、国家政策法规的认识与学习，对加强各民族"五个认同"的认知与领会都有所裨益。因此，对汉维连贯复句进行比较、分析与探讨是有理论意义与现实价值的。

2.2 选题意义

从篇章语言学、篇章分析及语言类型学视野下对汉维连贯复句进行比较的研究目前还很少见。以往对汉语与其他语言之间的比较都是以句或句以下结构单位进行的对比，而本研究是在复句层面展开，复句属于篇章范畴，是对汉维篇章层面的分析与探索。对汉维连贯复句的句型及表达方式进行比较与分析所得出的结论，再次证明汉维两种不同结构类型语言的差别与共性。可为语言类型学理论提供个案，丰富语言类型学的研究。

考察汉维连贯复句的对应表达，可以为少数民族地区学生进行国家通用语言的教学提供借鉴与参考。复句属于篇章层面的最低层，通过对汉维连贯复句进行比较，探寻汉维篇章衔接手段的异同点，有助于指导翻译实践活动，为翻译活动提供理论支撑。

翻译的过程通常被分为三大步骤，即理解、表达和校对。对母语为汉语的人来说，在将维吾尔语翻译成汉语时，关键在于语义理解；把汉语翻译成维吾尔语时，难点在于如何运用词语或结构精确表达。深入研究汉维连贯复句可以探寻连贯复句的表达形式及规律性特征，挖掘出的这些规律性特征正是解决汉维互译问题的关键，可以为连贯复句的翻译提供解决问题的思路与方法。因此，研究汉维连贯复句的对应表达对解决汉维两种语言互译难题，提高翻译质量，尤其是对篇章翻译领域的发展具有积极作用。

当前，随着国家通用语言推广工作的力度不断深入，对少数民族大学生的国家通用语言运用能力也有了新要求，在国家通用语言文字教学过程中，复句既是教学中的难点也是重点。汉维连贯复句的共性与个性规律能够有效应用到国家通用语言教学，为国家通用语言教学提供指导，为语言教学提供具体语言点分析与案例。

通常认为语言是思维的工具，思维的直接现实表现是语言。一个人应用连贯话语的能力跟其思维能力有关，连贯复句是连贯话语的一部分，是连贯话语的衔接纽带。连贯复句是指各分句所表达的语义间具有时间顺承关系的一类复句。连贯话语包括的内容繁多，连贯复句是连贯话语研究对象中的一部分。因此，研究汉维连贯复句的表达无论对少数民族大学生学习掌握国家通用语言，还是学习维吾尔语专业的非少数民族大学生而言，都对提高连贯话语表达及写作能力有所帮助。

3 理论依据

　　篇章语言学是以大于句子的篇章结构为研究对象的学科，研究篇章可以深入分析篇章内部的衔接与连贯，挖掘出汉维连贯复句的规律及特征。篇章分析是深入篇章内部，细致观察句子与句子之间的相互关联，考察如何通过形式衔接达到语义上的连贯，从而构建出主题意义完整的篇章。本研究涉及对汉维连贯复句结构特点的分析与探索，属于篇章层面的研究。我们重点考察了汉维连贯复句在句际衔接中的关联模式问题，因此篇章分析理论也是我们研究所必不可少的理论之一。

　　类型学是以跨语言比较作为出发点的语言科学，同时也是进行跨语言比较的依据。汉维连贯复句在语言类型学上具有典型性差异，汉语连贯复句属于分析式，而维吾尔语连贯复句主要体现包含式。因此，二者具有语言类型学上的典型差异。这些特征是对汉维连贯复句进行分析与比较的前提及理论依据。

　　在具体比较过程中，涉及句法结构、语义及语用层面，因此三个平面理论也是研究所需的理论依据。依据三个平面理论，我们可以探究汉维连贯复句分句在这三个维度上的区别与共性。综上，在研究中，我们以汉维连贯复句为研究对象，以篇章语言学、语言类型学相关理论为背景，以对比语言学理论、篇章分析理论、"三个平面"理论为指导，辅之以汉语语法研究的相关成果，对汉维连贯复句的表达进行探讨与分析。

4 研究思路、研究方法及语料来源

4.1 研究思路

首先，立足篇章语言学视野，以汉维连贯复句为研究对象，对汉维连贯复句句法特征进行梳理与探讨，通过对汉维连贯复句句型进行分析，得出汉语连贯复句属于分析式，而维吾尔语连贯复句主要表现为包含式的结论。

其次，具体分析汉维连贯复句在句法、语义及语用层面的不同点与相同点，并对汉维连贯复句的句型、表达形式等进行比较，得出异同特征。

再次，采用篇章分析理论对汉维连贯复句的衔接模式进行分析，通过比较得出二者在衔接方式上的异同特征。

最后，本研究对政论型篇章汉维连贯复句进行详细探讨，选取了《十九大报告》《二十大报告》以及《习近平谈治国理政》等政论型篇章中的连贯复句进行考察与分析。一方面，对连贯复句出现的比例进行量化分析；另一方面，对其中汉维连贯复句的关联模式进行量化分析，在量化分析基础上得出倾向性规律。然后对连贯复句在维吾尔语中的表达方式进行探究，揭示汉维连贯复句表达方式上存在的规律性特征。

4.2 研究方法

本研究采用描写与解释的方法，分析与综合相结合的方法，分析汉维连贯复句语言类型的差异及共同特征，并对汉维连贯复句衔接模式进行对比，探究二者在语篇中衔接手段的相同点与不同点；通过定量与定性相结合的分析方法，考察政论型篇章中汉维连贯复句衔接模式的异同点，得出政论型篇章中连贯复句的衔接模式的倾向性规律。通过归纳与演绎的方法，探寻汉语连贯复句在维吾尔语中的表达规律与特点。

4.3 语料来源及例句转写说明

本研究所涉及的语料来源：

汉语语料来源于北京大学在线语料库（CCL 语料库）、当代小说库、报纸杂志、《十九大报告》（汉文）、《二十大报告》（汉文）等。

维吾尔语语料均来源于汉维词典、维汉词典、维吾尔语语法参考书、维吾尔文学作品、世界儿童文学名著汉维对照系列读物、《十九大报告》（维吾尔文）《二十大报告》（维吾尔文）等。

　　为了便于描写，文中涉及维吾尔语的例句均采用国际音标转写，本文所使用的缩略语符号及转写符号见附录。

第一章　汉维连贯复句研究综述

1.1 汉维复句研究

1.1.1 汉语复句研究

自20世纪50年代，学者们针对单复句的划分问题就展开过讨论。随后学者们针对单复句的划分问题进行分析与归纳（郭中平，1957），对复句的源流、解决问题的方法等方面做了深入探讨（黎锦熙、刘世儒，1957），但是学者们没能达成一致的看法。到20世纪80年代，学者们主要从两个层面继续对复句进行探讨，一方面是继续讨论单复句的划分问题与划分标准；另一方面是尝试采用新的理论和研究方法对具体的复句进行分析，力图解决单复句划分问题。张世禄（1980）指出句子跟语气、语调相关，跟结构无关，认为单复句的术语不适合汉语，并进一步指出针对汉语单复句的划分没有必要。孙良明（1983）指出针对汉语缺少形态变化，就无所谓分句与短语之分，因此也不存在单复句之分。沈开木（1989）认为西方语言中的"单、复句"的划分存在问题，并且他对《马氏文通》进行了考察，认为马氏受了西方语法的影响，而没有结合汉语的实际情况探讨句式，认为划分单复句的依据并不充足。由此可以看出，上述学者不承认汉语中的单复句之分的问题，并且他们自己的分类方式也存在一些缺陷。关于汉语单复句之分的讨论，学者们没有达成较为一致的看法。

随着研究的不断深入，多数学者坚持认为汉语有单复句之分，并且尝试针对单复句的划分提出各种各样的标准，提出结构标准、意义关系标准、语音停顿标准、语序标准及关联词语标准等。王维贤（1983）认为"复句是两个或两个以上的单句合起来构成的句子"。王力在《中国现代语法》中指出："可以通过语音停顿断开的两个句子形式构成的成分叫作复合句。"黄廖本《现代汉语》认为"复句是由两个或几个意义上相关、结构上互为不包含的单句形式组成的句子"。张静（1983）采用结构标准对汉语单复句进行划分，认为语序与关联词语的有无不作为主要标准。陈信春（1985）坚持从结构上区分单复句，不认为停顿与关联词语是辅助标准。倪祥和（1985）采用结构标准、停顿及关联词语标准对单复句划分问题进行了探讨。①

综上，上述学者从结构、功能、停顿及关联词语等不同角度对单复句的划分提出了个人的见解与看法，并且也提供了针对单复句划分的建议与个案分析。本研究认为对单复句的划分问题坚持结构标准，以功能与停顿标准做辅助标准，同时也要考虑关联词语标准。为本研究中复句的界定提供了理论依据与

---

① 倪祥和.论单句与复句的区分标准和几种句型的区分[J].阜阳师范学院学报，1985（2）.

参考。

1.1.1.1 复句类型研究

复句的研究涉及复句类型的研究。针对复句类型的划分，主要有几个代表性的分类方法，本研究称之为复句上位类型研究和复句下位类型研究。其中关于复句上位类型研究主要有以下方面。具体如下：

一是直接分类法（吕叔湘、朱德熙，1952）；二是二分法，代表是"联合－偏正"二分法（黎锦熙、刘世儒，1957）和"因果－非因果"二分法（张志公、黄成稳，1990）；三是三分法，代表是邢福义（2001）针对复句的三分系统，即因果、并列、转折三分法。除此，黄伯荣、廖序东（1990）根据复句的意义类型，将其分为两个大类（联合和偏正），每个大类之下分为五个小类，共计十个小类。邵敬敏（2007）根据逻辑语义关系，按照客观世界和主观世界两个层面来针对复句进行类型分析：按照客观世界的时间与空间要素，分为顺承关系和并列关系；在主观世界里存在比较关系和事理关系。因此，根据以上基本原则，把复句分为四个大类，十个小类。由以上可以看出，学者们针对复句类型的分类研究不尽相同，各自有着自己的分类依据。

针对复句下位类型研究，主要是近些年来随着对复句研究的深入挖掘而展开的。随之，复句下设小类的划分研究也有了进一步发展。从语义关系角度考察复句的进一步分类有以下成果。黄廖版本的《现代汉语》（第一版）从复句意义入手，将复句分为联合和偏正两大类，进而又分为十小类。从转折关系的语义入手，王忠玲（2001）提出还存在包括对比关系、衬托关系的差异性关系以及限制性关系①。根据逻辑语义不同，李军、王永娜（2004）将转折复句分为四种，即补充限制类、撤消预期类、句内对比类及句外对比类②。在分析了"难怪"因果复句的特征基础上，谢晓明（2010）根据具体语义的不同将因果复句分为推断性、说明性及醒悟性三种③。吴锋文（2011）在分析了关联词语标记与句法层次间的制约关系后，将复句分为充盈类和非充盈类两种有标复句④。

1.1.1.2 复句句法研究

针对复句句法的研究主要从以下两个方面进行。一是对复句句法分析原则的讨论，这些研究不仅探讨了句法的层次性、递归性在多重复句的作用，还分析了多重复句的含义及其判定的具体操作方法（沈开木，1982；邢福义，2001）。二是重视关联词语在复句句法分析中的作用。上述研究中，邢福义（2001）分析了逻辑关系是划分复句的依据，关联词语是标记。姚亚平（1990）指明句法关系和层次取决于关联词语，还指出关联词语对于计算机处理复句信息有帮助。此外，王祥（1994）、胡金柱（2010）、石安石（1983）、肖国政（1983）、

---

① 王忠玲.转折复句语义分类的新尝试[J].华中师范大学学报（人文社科版），2001（5）.

② 李军、王永娜.也谈转折复句的内部分类[J].暨南大学华文学院学报，2004（2）.

③ 谢晓明."难怪"因果句[J].语言研究，2010（2）.

④ 吴锋文.从信息处理看汉语复句分类研究[J].信阳师范学院学报（哲学社会科学版），2011（5）.

蔺若晨（2011）等都持一致看法，都认为应该重视关联词语的研究，关联词是复句的显性标记，在分析考察复句时应该重视对关联词语的考量。

1.1.1.3 具体复句句式的研究

经过对文献的梳理与分析，发现针对具体复句句式研究主要从以下两个层面展开。

一是特定句式的研究。这些研究中主要以邢福义的著作《汉语复句研究》（2001）和徐春阳的著作《现代汉语复句句式研究》（2002）为代表。经查阅CNKI（中国知网）发现在期刊上发表的学术论文数量庞大，其中主要涉及个别具体的复句句式的研究。如"连……也/都"句式（崔希亮，1990；邵敬敏，2008）、"宁可"句式（张宝胜，2007）、"要不是"句式（马明艳，2005）、"倒是"句式（宗守云，2001；李凤吟，2005）"由于"句式（邢福义，2002；屈哨兵，2002），"况且"句式（徐燕青，2008）等。

二是句法语义互动方面的研究。这方面的研究主要以邢福义（1991）及沈家煊（2003）为代表。这些研究中，邢福义（1991）将形式与意义相互结合的理念运用到复句的研究当中，考察复句格式对语义的反制约关系，这为复句的研究开辟了新的视角与启示。沈家煊（2003）从行域、知域、言域层面分析了各种复句，为复句研究拓展了思路与方法。

1.1.1.4 复句关系标记研究

复句关系标记研究主要从分类、功能以及类型学三个层面进行。

一是复句关系标记的分类研究。陆俭明（1983）、周刚（2002）认为关系标记分类持有二分的观点。这一观点被多数学者所接受。刘丹青（2003）重视分句连词类型及其位置分布的研究。储泽祥（2008）将因果复句的关系标记根据位置不同细分为居前的、居中的及前后搭配的三类。

二是复句关系标记的功能研究。这方面的研究以邢福义（2001）为代表，他认为关系标记词语具有"显示""选示""转化""强化"等功能。还有些学者认为关系标记具有连接功能、控制功能以及"前后呼应"功能（王振来，2002；马清华，2006；储泽祥、陶伏平，2008）。

三是不少学者通过跨语言比较对复句及关系标记进行探讨。陆丙甫（1993）分析了世界上多数语言中并列关系标记的位置分布特点，认为并列关系标记多位于倒数第二个位置上。邓云华（2005）通过跨语言角度，比较出个别语言中存在的并列结构及其位置的主要等级规律。还有学者针对并列关联标记的隐现问题进行了探讨（储泽祥，2002；马清华，2004；邓云华，2004，2008，2009；刘丹青，2008）。李丹弟（2010）以汉语并列标记为对象，分析探讨了它们在分句中的位置特征。李占炳、金立鑫（2012）通过对我国少数民族语言的并列标记进行考察，总结出并列关系标记的位置类型特征。由以上可以看出，复句关联标记的研究角度多样，主要从分类、功能及跨语言比较等层面进行探讨，这些研究都为复句关联标记研究奠定了理论基础。

1.1.1.5计算机语义关系标记识别视角研究

随着计算机信息识别技术的不断发展，一些学者尝试将复句的研究与计算机科学与语料库建设相结合，实现文理学科的交叉融合，以拓宽复句的研究视角。刘云、俞士汶（2004）通过理论与实践、分词与标注、句法与语义三个方面探讨了"句管控"在中文处理中的意义，为推动中文信息发展解决一些问题。姚双云（2005）探讨了小句中枢理论在信息工程与语料库建设中的问题与构想。吴锋文（2015）从中文信息处理入手尝试构建复句本体体系结构等。

1.1.2 维吾尔语复句研究

1.1.2.1 维吾尔语复句的分类研究

在维吾尔语语法著作中都涉及复句问题，复句被称为"qoʃma dʒymlε"（复合句）。虽然针对"复句"的说法不一致，但实质所指相同。我们将具有代表性的维吾尔语语法著作中涉及复句的内容进行归纳，发现主要的论述有以下几个方面。如表1–1所示。

表1-1　维吾尔语语法著作中复句的定义及分类表

学者与语法著作	复句定义	复句分类
陈世明、廖泽余（1984）《现代维吾尔语》	在意义、结构和语调上组成一个整体，两个或几个简单句的复合体	（1）并列复合句：联合关系、对比关系、区分关系；（2）主从复合句：带主语从属句的、带谓语从属句的、带宾语从属句的、带定语从属句的、带时间从属句的、带处所从属句的、带原因从属句的、带条件从属句的、带目的从属句的、带转折从属句的、带结果从属句的、带情状从属句的、带度量-程度从属句的、带比喻-对比从属句的
陈世明、热扎克（1991）《维吾尔语使用语法》	能分析成两个或两个以上分句的句子	（1）联合复句：并列、连贯、递进、选择；（2）偏正复句：补充、条件、概括、转折、因果、目的、连锁、理由、时间
程适良（1996）《现代维吾尔语语法》	由语调和意义上密切联系，而在结构上互不包含的两个或两个以上的单句组合而成的言语单位	（1）联合复句：①有连词的又分为并列、选择、递进、连贯，②无连词的又分为并列、连贯、对立分合；（2）偏正复句又下分补充、转折、条件、因果、假设、目的、让步、理由、连锁、比喻、时间、取舍复句
易坤琇、高士杰（1998）《维吾尔语语法》	由互不包含的两个或两个以上在意义上有密切关系的单句形式组合起来构成的	（1）联合复句：并列关系、顺承关系、转折关系、选择关系、进层关系、分合关系；（2）主从复句：假设、连锁、让步、补充、因果、理由、目的
杨承兴（2002）《现代维吾尔语语法》	由两个或两个以上彼此不做句子成分的结构中心组成，具有统一语调的复杂表述单位	（1）并列复句：联合、对比、区分、承接、进层、解说；（2）主从复句：带补语从句的、带普通条件从句的、带概括对应条件从句的、带对立-让步从句的、带原因从句的、带时间从句的、带目的从句和比较从句的

由表1–1可以看出，学者们对复句内涵的界定较为统一，多数认为复句是由两个或两个以上的有语义关系的分句结构组成，但是分句间互相不包含。学者们都赞成复句下分为两大类，即并列（联合）和主从（偏正），由于具体分类标准不同，涉及具体的分类又有所不同。这些研究都为维吾尔语复句的研究奠定了基础。

1.1.2.2维吾尔语个别类型的复句研究

针对维吾尔语某些类型的复句探讨与分析数量不多，主要涉及选择复句的逻辑关系的分析与探讨（程试，1985）；条件和假设复句的区分问题（蒲泉，1996）；复句分类问题的探讨（热合曼·汗巴巴，1989/1990）；单复句区分问题的讨论（安占峰、杨文革，2002）；谚语中的复句演变问题的分析（李燕萍，2006）；递进复句的语义关系探讨（郑燕，2017）等。硕士学位论文也有涉及，如阿孜古丽（2021）对比分析了汉维转折复句，归纳出了汉维转折复句的异同点。由以上可以看出，维吾尔语复句的研究成果不多见，在研究的深度与广度上都还欠深入。

1.2汉维连贯复句研究

1.2.1汉语连贯复句研究

连贯复句的研究要追溯到《马氏文通》。该书认为连贯复句的功能是"承接"上下文，并且以连接词"而"来分析上下文的语义关系。连贯关系表示事件发生的时间存在先后关系。在《新著国语文法》中，黎锦熙将连贯复句称为承接句，并对其含义做了界定，认为它是依照时间或事情发展的顺序进行的动作行为。吕叔湘在《中国文法要略》中探讨了同时与先后两种连贯复句的不同特征，并考察表连贯关系的关联词语的功能，如"一……就""才……就""于是""才"等。在《关联词语词典》中将"连贯关系"称作"承接关系"①，认为这些关系表达的是多个表连续动作或先后的分句前后相承。胡裕树（1995）认为连贯复句需要依靠分句的排列次序来表达。陆庆和（2000）将这类复句称为承接复句，并提出将此类复句分为两类，即时间承接复句与事理承接复句。邢福义（2001）根据语义关系及关联标志两个分类标准，将复句进行三分法，即并列类、因果类及转折类。连贯复句处于并列复句的下一小类中。他认为连贯复句是分句间存在先后相继关系的一种复句。连贯复句在语义上存在两种情况，一是两个或多个动作依次发生，有先后之分；二是多个动作连贯承接②。

在汉语教材中针对连贯复句的研究有以下一些。黄伯荣、廖序东主编的《现代汉语》（2002）中指出连贯复句又称承接复句、顺承复句，并将连贯复句归入联合复句，并对这种复句的特点做了归纳：分句之间具有时间、空间、逻辑顺序或连续

---

① 戴木金、黄江海.关联词语词典[M].成都：四川辞书出版社，1988：126-129.

② 邢福义.汉语复句研究[M].北京：商务印书馆，2001：44-46.

相关。张斌（2008）让这类复句有了更多的叫法，即承接复句、顺递复句、连贯复句，并且认为这种复句的分句表述动作连续或事物之间连续相接①。邵敬敏（2012）对连贯复句所做的定义是指前面分句先陈述一种情况，后续分句随后陈述接着发生的另一种情况，即分句之间存在"先事–后事"的关系②。他根据前后分句之间的语义联系把连贯复句分为同事相继型和异事相继型两类。连贯复句是复句中的一种。连贯复句与并列复句较为相似，但可以区别。并列复句是齐头并进，有时候次序可以改变而不影响意义；连贯复句是相继而行的鱼贯式，由于时间上前后分明，一般不能换位。

综上可知，连贯复句是复句中的一种。以上各家之言虽然对连贯复句的具体说法不完全一致，但是针对连贯复句的内涵界定都趋于一致，即前后分句所表述的动作行为或事件是接连发生或出现的。它们要么存在时间性顺序，要么存在空间性顺序。综上，我们统一称为连贯复句。

在对连贯复句进行研究时，关系标记是不可回避的内容。关系标记是指复句中表连贯关系的词语，有些学者称之为关联词语或关系词。虽然说法不尽相同，但是实质内容是一样的。下面我们将一些代表性的著作中对连贯复句关联标记所进行的讨论做一梳理。如表1–2所示。

---

① 张斌.新编现代汉语（第二版）[M].上海：复旦大学出版社，2008：479.

② 邵敬敏.现代汉语通论精编[M].上海：上海教育出版社，2012：322.

表1-2　代表性著作中的关联标记及个数统计表

学者与著作	关系标记	数量（个）
黎锦熙（修订本，1992）《新著国语文法》	乃；这才；从此（就此、从而）；就（便、即、则）；于是（于是乎、已而、既而）；才（方）；然后（而后）；只得（只好）、那么（然则）	21
吕叔湘（1982）《中国文法要略》	便；即；就；才；才就；一A就B；其后；于是；方才	9
黄伯荣、廖序东（2002）《现代汉语》	（1）单用：就；又；再；于是；然后；后来；接着；跟着；继而；终于 （2）合用：首先（起先）；然后（后来、随而、再、又）；一A，就B；刚A，就B	19
邢福义（2001）《汉语复句研究》	就；又；才；接着；然后；于是；这才；一A就B；刚一A就B；刚A就B	10
张斌（2001）《新编现代汉语》	（1）单用：就；便；又；然后；于是；接着 （2）套用：首先A，然后（接着）B；起先A，后来B	9
张谊生（2000）《现代汉语虚词》	（1）单用：①顺连式（主体不变）：从而；转而；而后；于是；接着；然后。②互联式（主体改变）：于是；接着；然后 （2）合用：①顺连式：一A，就B；起先A，后来B；首先A，然后B；于是A，就B；接着A，再B；然后A，终于B。②互联式：一A，就B；于是A，就B；接着A，然后B	18
邵敬敏（2012）《现代汉语通论》	（1）合用：一A，就/便B；刚A，就/便B；首先A，然后B；开始A，接着B （2）单用：就；是；接着；跟着	10
赵恩芳、唐雪凝（1998）《现代汉语复句研究》	（1）单用：就；便；才；于是；然后；后来；最后；随后；接着；跟着 （2）合用：首先A，然后B；起先A，后来B；一A就B	13

续表

学者与著作	关系标记	数量（个）
姚双云（2008）《复句关系标记的搭配研究》	便；还；先；后；又；再；就；此后；尔后；而后；随后；然后；接着；紧接着；起先；开始；起初；最初；后来；结果；首先；先是；后是；其次；继而；转而；终而；最后；随即	29

通过对以上论著中提到的连贯复句的关系标记的梳理，发现因各家的标准不同而确立的关系标记不那么一致。从形式上看，关系标记有单用和合用之分；从语音停顿上看，关系标记有停顿和非停顿之别；从语义上看，许多关系标记存在相近的说法，如便（就/则）、再（又）、从此（就此/从而）、首先（起先/开始）、才（方）等。虽然各家确定的关系标记各有差异，但可以确定大家公认的几个关系标记是"就""然后""于是""接着"等。

1.2.1.1 关系标记个案研究

针对具体关系标记的研究主要有以下几点。

在针对"一……就……"句式的研究中，施关淦（1985）从主语是否相同、谓语成分特点、是否可以插入插入语、"一"是否可以替换成"刚刚"等方面分析了用"一……就（便）……"关联的句子。王明华（1986）就"一P，就Q"语义关系进行探讨，指出其结构具有深层多语性，不仅可以表示承接关系与条件关系，还可以表示因果关系与转折关系。针对"于是"句式的研究，王祖姝（1999）从衔接功能角度分析了"于是"在复句或句群中的6种承接功能。王弘宇（2001）

在大量语料基础之上分析了"一……就……"的句式特点，提出该句式的限制条件。李杰群（2001）从历史的角度考证了"则"字虚化成关系标记的过程。王光全（2005）探讨了描述性话语与议论性话语中"一……就……"的不同，并分析了议论性话语中该句式所表达的易成性、规律性及紧随关系等三种意义。陆庆和（2000）从逻辑关系入手，探讨"于是"承接句的特征。张亚茹（2008）从其语义兼容性和用法复杂性角度探讨对外汉语教学的启发。范江兰（2009）从语法化角度入手，讨论了"于是"的语法化历程。朱军（2010）分析并采用远距离因果关系解释"一……就……"句式。

以上成果是从多角度、多层次、多方面对连贯复句关联标记所进行的探索，无疑深化了复句的研究层次，为复句的研究奠定了理论基础。

1.2.1.2 篇章角度的研究

针对连贯复句的研究有学者从篇章衔接角度进行了研究。祝克懿（1988/1989）分析了并列及承接复句的篇章衔接与推进方式。除此，她还考察了并列复句和承接复句中的语法关联手段。我国传统语法的研究范围主要局限在句内。随着语言研究的不断深入，复句自然就被纳入篇章研究的范围内。徐赳赳（2014）指出复句是篇章最低层的内容，两个彼此有关联的小句，就进入篇章研究的范围，即大于两个小句的语言单位，如多重复句或段落，一直扩大到整个篇章，都是篇章研究的对象。因此，从篇章角度探究复句的衔接方式是必不可少的研究范式。

1.2.2维吾尔语连贯复句研究

1.2.2.1维吾尔语连贯复句概念界定

在维吾尔语中，连贯复句被界定为：分句间表现为具有时间顺序关系的复句。有学者称这种复句是"并列复句中的连贯关系复句"（陈世明、热扎克，1991）；有学者称之为"连贯关系复句"（程适良，1996）；有学者将之称作"顺承关系复句"（易坤琇、高士杰，1998）；还有学者称之为"承接复合句"（杨承兴，2002）。虽然针对"连贯复句"的说法不一致，但是所指内容本质一样。

因此，我们认为在联合复句中分句表连贯关系的复句属于连贯复句。连贯是指分句所表述的动作行为在时间上具有连贯性与延续性，是对某一整体动作行为完成的表述。

1.2.2.2维吾尔语连贯复句关联标记研究

有些学者在探讨维吾尔语连贯复句时涉及了有无连接词的问题。学者们根据有无连接词为标准，将连贯复句分为形式上有连接词连接和无连接词连接两种。连接词通常有"avval……kejin……"（首先……以后……）、"avval……andin……"（首先……然后……）、"andin"（然后）、"birdεm……birdεm……"（一边……一边……）、"aldi bilεn……andin kejin……"（首先……然后……）等。（陈世明、热扎克，1991；程适良，1996；易坤琇、高士杰，1998；杨承兴，2002）

经查阅CNKI，几乎没有找到针对维吾尔语连贯复句的研究。由此，我们将在后文中展开对维吾尔语连贯复句以及汉维连贯复句的关联标记间的比较与探讨。

1.2.3汉维连贯复句研究现状比较

通过对汉维连贯复句研究的回顾发现，相较而言，汉语复句及具体复句的研究成果比较丰富。表现为研究富有层次性，涉及范围广。针对复句的研究一直以来就是引起学者普遍关注的课题。从单复句的划界与区分开始，复句的内涵逐渐明确，出现了大量的研究成果。这期间有老课题的继续深化，还有结合新理论、新方法的课题不断出现。这些成果主要是复句的句法、句式、语法化、语义关系、功能、关系标记以及篇章等方面。除此，还表现出了与其他领域专业的跨界融合研究，出现以汉语复句为研究对象的面向计算机信息处理成果。这些研究使汉语复句研究的角度不断更新，范围不断扩大，促进了汉语复句研究向纵深发展。

和现代汉语相比较，维吾尔语复句的研究不充分。主要集中在对维吾尔语单复句的区分、语义关系的讨论上。相较汉语复句成果而言，维吾尔语连贯复句的研究仅仅停留在语法著作的浅层描写阶段，缺乏描写与解释相结合的研究。学者们对连贯复句的内涵界定较为统一，认为连贯复句是复句中的一种，是指两个或多个分句表达出的动作或事件的时间或逻辑顺序。有时需要借助关系标记，有时不需要，且不需要关联标记的情况居多。

杨承兴在《现代维吾尔语语法》（2002）中将连贯复句

分为含有连接词与不含有连接词两种。其中，含有连接词的连贯复句通常以某些固定格式来表达，如采用aldi bilεn/avval ······ andin/uniŋdin kejin ······（先······再······）；······ arqidinla ······（······接着······）；······ dε ······（······的同时，······）来连接；也可以通过在前一分句的谓语动词上附加相应表时的词尾，构成固定格式，如"······直陈、间陈相对过去时······""直陈过去时+mu，boldi ······"等。在不含有连接词的连贯复句中，前后分句之间具有语义上的连贯性与承接性，表述时语调平稳连贯，没有重音。遗憾的是针对语调、重音方面没有过多的分析与探讨。除此，杨承兴先生将指示词（指示照应手段）归到了含有连接词的连贯复句里，该论著没有进行深入分析。其实指示词不仅存在于含有连接词的连贯复句中，还存在于无连接词连贯的复句中。连贯复句关联模式手段多样，不仅包含词汇方面，还涉及语法等方面。指示词是篇章衔接连贯时所采用的词汇手段，词汇手段还包括许多种，如词汇重叠，词汇重叠又分为许多小类。这些从篇章层面需要对连贯复句展开的研究在传统语法著作中都没有涉及。因此，针对连贯复句的研究还不够深入、不够丰富，缺乏对连贯复句在诸多新理论背景下的分析与探讨。这也是学者们在今后开展复句相关研究时需要努力的方向。

总体而言，维吾尔语复句及连贯复句的研究还处于描写阶段。引进新理论与新方法的研究还很少。在传统语法著作中，对连贯复句的研究还仅停留在简单描写阶段。发现借鉴语言比较理论、语言类型学理论以及篇章语言学理论的分析与探讨还很不足。因此，针对维吾尔语复句、连贯复句的研究还有待全面深入开展。在这种情况下，我们的研究立足于篇章语言学视野下，结合语言类型学理论，开展对汉维连贯复句的比较与分析顺应了语言学发展趋势，同时也具有理论意义与现实意义。

1.3 小结

本章我们对汉语和维吾尔语复句及汉维连贯复句相关研究进行了梳理发现汉语复句主要涉及类型、句法、句式、关系标记以及计算机语义关系标记识别角度的研究。相较于汉语复句研究而言，维吾尔语复句研究成果较少，主要集中在语法著作的介绍中，重点对维吾尔语复句定义及分类进行了介绍与分析，除此，偶有涉及具体类型复句的探讨。关于连贯复句的研究，汉语连续复句的研究成果较丰富，主要涉及连贯复句的界定以及连贯复句关系标记个案分析。维吾尔语连贯复句研究鲜有涉及，还需要借助现代语言学理论如语言比较、语言类型学、篇章语言学等开展深入探讨。

第二章　汉维连贯复句的类型特征

　　格林伯格（Greenberg，1966）在对现代类型学进行讨论时，认为语言比较的依据是语义或者是更广泛的功能[①]。威廉·克罗夫特（Croft，2003）指出："语法形式不能脱离语言的功能而进行分析，这是因为语言的功能是进行跨语言比较的基础。跨语言比较方法的要求与生成语法理论中语法形式自主的主张是相抵触的。语言的共性来自通过语言形式对其功能编码的共性"[②]。因此，语言比较的基础是功能。依据某一语义或功能对不同语言进行形式的探讨是我们能够对汉维连贯复句进行比较的基础与前提。下面我们将以语言类型学理论为支撑，对汉维连贯复句进行探讨与分析。

---

　　① GREENBERG,JOSEPH H. *Some universals of grammar with particular reference to the order of meaningful elements.*In Joseph H.Greenberg(ed.)*Universals of Grammar.*2nd edition.1966/1990, pp.73–112.

　　② CROFT,WILLIAM.*Typology and Universals.*2nd edition.Cambridge: Cambridge University Press, 2003, pp.233–234.

2.1语言类型学简介

语言类型学的任务不仅是对不同的语言结构类型进行分类，将具体语言归入某个单一的类型里面，而且语言类型学是研究系统性的跨语言结构规律或模式的学问（Croft，2009）。语言类型学的主要任务是研究世界上的语言存在的共性①。除了归纳语言的共性之外，最重要的是要对语言现象进行解释。而这种要求恰恰与语言类型学的三种定义中的一种相吻合，即类型学是一种研究的路子或理论框架。这种路子跟之前的如美国结构主义和生成语法理论等相区别。所以将它称为"格林伯格学派"的理论方法，以区别于"乔姆斯基学派"的研究路子。因此，这一观点的类型学跟"功能主义"存在紧密关系。因此，对语言现象的解释应该是外部的，应该是使用功能解释的方式。

2.1.1国外语言类型学发展简介

追溯语言类型学的发展历史，发现在1901年格贝莱兹（Gabelentz）的语言学著作中首次出现了"类型学"这个术语。类型学正式肇端于格林伯格（Joseph H.Greenberg）1960年所

---

① Croft William. *Typology and Universals* (2nd edition), Cambridge：Cambridge University Press, 2003. 威廉·克罗夫特：《语言类型学与语言共性》（第二版），龚群虎等译，上海：复旦大学出版社，2009年，第1页。

公布的他对形态与语序的蕴涵共性的发现。他通过对30种语言的调查，发表了论文《某些主要跟语序有关的语法共性》，文中阐述了语言具有的45条共性。可以说语言类型学是在格林伯格奠定的基础上不断发展起来的。后来，语料库的语料样本也得到不断扩充，且发展迅速，从最早的30种语言发展到现在的1000多种。随之而来的是更多的语言共性被挖掘出来。

随着语言类型学的不断发展，涌现出了一批具有代表性的研究成果。萨丕尔（Sapir）于1985年出版的《语言论：语言研究导论》中，将构词形态到构形形态到短语结构到句子结构的每个阶段列了几个参项，计算每个参项里有几种表现。采用"+""−"符号来标记每个参项，从而测定语言的孤立度、屈折度以及黏着度。萨丕尔区分了语言形态类型，为人们认识与深化语言形态类型的多样性奠定了基础。萨丕尔对语言的贡献体现在他把传统语言类型学局限于对于形态的考察，扩展到了句法。　由此，可以说萨丕尔的研究处于语言类型学从传统到现代的一个过渡阶段。　科姆里（Comrie）于1981年1月出版了 *Language Universals and Linguistic Typology*（《语言共性和语言类型》），后于1989年再版。克罗夫特（Croft）于1990年出版了《语言类型学与语言共性》，后于2003年再版。在1997年威利（Whaley）出版了《类型学导论：语言统一性与多样性》。2001年宋在晶（Jae Jung Song）出版了《语言类型学：形态和句法》。

以上著作主要是围绕蕴含共性、经济性与相似性、生命度、语义映射模型、语义地图、类型学原型以及心理认知等角度展开研究的，为语言类型学的发展奠定了理论基础。

2.1.2国内类型学发展简介

最早开展的研究主要是对外国语言类型学理论的解读与翻译。代表性的研究成果有以下内容。

1984年，陆丙甫和陆致极对格林伯格（Greenberg）于1963年所发表的论文进行了翻译。随后，1989年，沈家煊和罗天华对格林伯格（Greenberg）于1981年出版的经典著作*Language Universals and Linguistic Typology*进行了翻译，陆丙甫进行了校对。这些著作的翻译为国内学者了解与从事类型学研究奠定了理论基础。国内有关类型学的研究主要集中在对汉语及汉语方言的研究上。

2.1.2.1研究起步阶段

自20世纪90年代起，国内有关类型学的研究逐渐形成并发展起来。其中陆丙甫（1993）在跨语言基础上提出了有关状语位置的轨层结构理论；伍铁平（1993）在类型学理论基础上对表示"明天"和"昨天"的词进行了探究；张敏（1997）立足于类型学和认知语法角度对汉语重叠现象进行了探讨；徐烈炯（1998）对汉语中的话题结构做了深入的分析；沈家煊（1999）探讨了语法单位与语法范畴的标记模式和关联模式。这些都是学者们针对类型学的具体研究与运用。同时这些研究也是立足于类型学基础上的初步尝试，为今后的类型学研究奠定了理论基础。

2.1.2.2 研究发展阶段

进入20世纪以来，语言类型学的发展队伍逐渐壮大起来，研究成果大量涌现，主要出现了以下成果。

陆丙甫在《核心推导语法》（1993）一书中借鉴国外类型学理论，做出对语言共性的解释，他将汉语置于世界语言范围内，探索汉语与其他语言之间的共性与个性。刘丹青在《语序类型学与介词理论》（2003）一书中研究了语序类型学及介词理论，并探讨了具体方言和介词的类型。吴福祥（2005）从历时共性角度研究了汉语类型等。刘丹青以科姆里（Comrie）和史密斯（Smith）共同编写的《Lingua 版语言描写性研究问卷》为基础，编著《语法调查研究手册》（2008），该书为语言类型学比较提供了语言资料。宋在晶在《语言类型学》（2008）中重点对语言类型学中的语序、格标记、致使结构以及关系从句等问题进行了分析与讨论。郭锐（2012）利用语义图方法对普通话与方言进行跨语言的语义图的研究。戴庆厦和汪锋主编的语言类型学名篇译丛——《语言类型学的基本方法与理论框架》（2014）一书中收录并翻译了多篇国外语言类型学的成果，为我国学者从事语言类型学研究提供研究方法上的参考与借鉴。金立鑫著的《语言类型学探索》（2017）中立足于类型学对汉语的语序、时体等问题进行具体分析与探讨。

由以上可以看出，语言类型学在我国经历了20多年的发展，研究逐渐丰富起来，学者们开始从类型学角度出发，立足于众多的少数民族语言与方言资源开展相关研究，从而通过跨语言比较寻求人类语言的共性。

2.1.2.3 研究深入阶段

语言学界认为语言类型学存在两个视角，克罗夫特（Croft，2003）认为传统类型学的思路是由语义范畴出发，寻找不同语言在句法系统中是如何表达的，即语义、语用的范畴到形式的库藏。而泰勒（Taylor，1995）认为语义在语言中通过形式化凝固下来形成范畴，即从形式的库藏到语义的范畴。随着类型学的不断完善与发展，语言库藏类型学得到了学者们的关注。"Linguistic Inventory"被称作"语言库藏清单"，刘丹青（2011）将此译为"库藏类型学"。他采用"库藏"来指代"工具的仓库"，认为库藏的手段有多种，包括语音及韵律要素、词库、形态手段和形态要素以及句法手段（虚词与句法位置构式等）[①]。语言库藏类型学是由刘丹青所倡导的一种研究视角。

刘丹青（2012）指出库藏类型学源自凸显类型学，是类型学的一个分支或研究视角。他认为库藏类型学注重形式手段及语法属性对一种语言类型具有影响，尤其语言库藏中的所有形式手段对一种语言的类型具有塑造作用[②]。刘丹青（2017）认为与以往的类型学相比，库藏类型学更强调从形式到语义、语用范畴，需要更多地关注形式对语义之间的相互作用。因此，从形式出发来考察形式与意义的互动是一种新的研究视角。

综上，可以发现语言类型学从传统研究范式发展到当代语言类型学范式，研究内容越来越细化、深入、具体。研究目

---

① 刘丹青.语言库藏类型学构想[J].当代语言学，2011（4）.

② 刘丹青.汉语若干显赫范畴：语言库藏类型学视角[J].世界汉语教学，2012（1）.

标更加明确，研究范围不断拓展，研究规范与研究方法越趋完善。

2.2汉维句法类型特点

类型学的代表性人物格林伯格（Greenberg）与科姆里（Comrie）经过对世界上各种语言的形态进行考察与分析后，发现并归纳了语言的类型，即孤立型语言、屈折型语言、黏着型语言以及综合型语言。按照语序类型不同分为SVO语言、SOV语言、VSO语言、VOS语言、OSV语言、OVS语言。一般来讲，维吾尔语属于黏着型，SOV语言；汉语属于孤立型，SVO语言。两种语言属于完全不同类型，不同语序，存在众多差别。语言类型学告诉我们，通过类型学的研究，世界上的很多语言既存在差别，也存在普遍共性。

一般来讲，在语言类型学上，汉语和维吾尔语属于不同类型的语言。汉语属于孤立语，而维吾尔语则是黏着语。这是根据两种语言在形态类型上的差别而作出的区分。下面我们在前人研究成果基础上对两种语言的句法类型特点进行简要分析。

2.2.1汉语句法类型特点

语言的结构类型是指根据词的形态表现对语言所做的分

类。最早研究语言的结构类型的学者是洪堡特，他根据词的形态表现把语言分成孤立语、黏着语和屈折语。后来爱德华·萨丕尔（Edward Sapir）和约瑟夫·H.格林伯格（Joseph H. Greenberg）根据语言形态将世界上的语言划分出了分析语、综合语和多重综合语等。

萨丕尔认为分析语是一种语言里一个词不结合多个概念，如汉语。在一种分析语言中，句子是最重要的，词居于次要位置。他对综合式语言的定义是多个概念聚集在词中，词是多个概念的集合体。格林伯格（Greenberg，1960）在萨丕尔研究的基础上，采用形态作为划分语素的标准，并且对语素的分类进行了量化研究。具体做法是采用一个词的语素率来描述语言形态的类型。语素率是由语素与词的比得来的，语素率是语言综合度的反映。根据综合度的不同取值可以得出语言的形态类型。综合度最低值是1.00，此时也就是单语素，所对应的是分析式语言。适度综合式语言的综合度是2.00。通过这种量化方式的研究得出来语言的形态类型只是一个相对值，并非绝对。正如萨丕尔所说"分析与综合是一个相对值的问题"。综合度是一个连续统的问题。连续统的两头分别是分析式与综合式的最大化和最小化值。不同语言在这个连续统上的位置不同而已。

国内学界曾经针对汉语有无形态问题有过辩论。这些学者的辩论都没能将汉语是否具有形态问题解释清楚（王力，1954；方光焘，1958；张世禄，1985）。高名凯在《语法理论》（1960）一书中认为以上学者对"形态"这一术语有着不同的理解导致问题讨论不清①。他认为"汉语没有词内的构形法形态"。他将形态分为内部与外部两种，并且进一步阐明了"内部形态和外部形态的区别在于内部形态是词的一部分，不能离开词而存在，不能和词分析开；而外部形态不是词的一部分，能够离开词而存在，能和词分析开"。如汉语中"着""了""们"不是词的一部分，可以和词分析开，不是内部形态，而是外部形态。而内部形式是固定在词上的语法成分，汉语中缺乏这样的语法成分②。因此，汉语语法手段主要以语序、虚词和重叠等为主，汉语是以分析式为主的语言。

2.2.1.1 词序、虚词重要

高名凯（1960）认为"汉语的词序是汉语句法形式的一个重要的部分，汉语的许多句法关系或句法意义都是通过词序表现的"③。语序的变化可以引起语法、语义或语用意义的变化。而在形态发达的语言中，如维吾尔语，动词与名词之间都借助格标记来体现，词序改变，其语义关系不变。而汉语缺乏上述如维吾尔语动词与名词关系的格标记。如果词序改变，那么语义关系也随之改变。除此之外，汉语普通话（为了与方言相区别）语序表现为 VO 和 OV 混合型语序类型（刘丹青，2003；金立鑫，2017）。虚词对语法结构和语法意义具有重要作用。④汉语虚词主要包括介词、连词、助词和语气词，虽然数量不

---

① 高名凯.语法理论[M].北京：商务印书馆，1960：107.
② 高名凯.语法理论[M].北京：商务印书馆，1960：107–109.
③ 高名凯.语法理论[M].北京：商务印书馆，1960：351–352.
④ 高名凯.语法理论[M].北京：商务印书馆，1960：348.

多，但是具有重要作用。

2.2.1.2 句法结构同构

赵元任（1968）和朱德熙（1985）认为"汉语中的词、短语以及句子具有同构性"就是说复合词的内部组成关系与句法关系一致，都可以分为五种关系，即：主谓式、述宾式、述补式、偏正式和联合式。范晓（1996）指出虽然有些复合词的构造规则在短语和句子里不存在。例如"马匹""地球"等复合词是由"名词+量词""名词+名词"结构构成，在短语和句子里都不存在这种结构。除此，还有插入语，如"据说""总之"等成分在复合词和静态短语中不存在。从总体上来讲，汉语的复合词、短语以及句子的构造原则基本一致①。这些是汉语语法的特点。

2.2.1.3 与动词相关的语序特征

在汉语中，汉语谓语动词核心位于左边。但表现出向右分支。例如：

（1）我 给 她 一朵花

$- - - - - - - - - - \rightarrow$

在汉语中，间接宾语"她"距离谓语动词"给"最近，直接宾语"一朵花"距离谓语动词较远。汉语中例（1）表现出间接宾语靠近动词核心，直接宾语远离动词核心。

汉语中与动词相关的成分如此排列是与类型学中的"可别度领先"原则有关。类型学告诉我们可别度跟指称性和生命度

---

① 范晓.三个平面的语法观[M].北京：北京语言文化大学出版社，1996：72.

相关。即：

第一、第二人称代词＜第三人称代词＜专有名词＜人类普通名词＜非人类有生普通名词＜无生普通名词①

在以上这个排列顺序中，越靠前的参项在句中的位置就越靠前。也就是说可别度高的成分在句中的位置优先于可别度低的成分。汉语中"她"不仅是有生命的，而且是代词。"一朵花"是非人类有生普通名词，前者比后者的可别度高，因此，汉语中表示间接宾语的"她"比直接宾语"一朵花"可别度高而更靠近动词核心。汉语凸显了可别度领先原则。

以上分析了汉语中与动词相关的语序特点。发现其特点与"可别度领先原则"相关，即指称性和生命度。可别度高的成分更靠近动词核心，可别度低的成分远离动词核心。

2.2.2维吾尔语句法类型特点

维吾尔语属于典型的黏着型语言，与汉语相比，具有发达的形态变化，一般通过在词根上附加表构词意义或语法意义的语缀来表达。维吾尔语的时态一般体现在作谓语的动词末尾（哈米提·铁木尔，1987；力提甫·托乎提，2012）。这些都是与作为孤立语的汉语相比较后，维吾尔语体现的句法类型上的显著特征。这些特征也决定了维吾尔语复句的结构形态特点。

---

① 金立鑫.语言类型学探索[M].北京：商务印书馆，2017：18.

2.2.2.1 语法手段、语法范畴丰富

维吾尔语语法手段丰富，最常见的语法手段主要包括附加成分、虚词、词序、语调和重叠等。维吾尔语中附加成分众多，包括前附加成分与后附加成分。通常根据功能特征可以将附加成分主要归为构词附加成分和构形附加成分。句中由于格与人称附加成分的参与，词序相对灵活。高名凯（1960）指出"词的内部形态变化都可以表现词语之间的句法关系"①，因此词序排列不是最主要的句法形式。有时是为了语用含义的凸显而改变原有的无标记词序②。虚词包括后置词、助词、连词、语气助词和叹词等（杨承兴，2002）。语法范畴较多，名词性成分具有领属人称、数、格范畴③；动词性成分具有人称、数、时、态、式及体范畴④；形容词性成分具有比较级范畴等⑤。

2.2.2.2 句法遵循一致性原则

《现代语言学词典》中收录的"一致关系"（agreement）也称作"一致性关系"，是指语法理论和描写的传统术语，指两个成分之间的一种形式关系，即一个词的形式需要与另一个词的形式相对应。一致性关系是表达各种语法关系的主要手段

———————————

① 高名凯.语法理论 [M].北京：商务印书馆，1960：352.

② 杨承兴.现代维吾尔语语法 [M].乌鲁木齐：新疆大学出版社，2002：2-3.

③ 见附录表1维吾尔语从属性人称附加成分及示例表；表2维吾尔语格位附加成分表。

④ 见附录表3谓语动词直陈一般现在时/将来时人称一致性对应关系及示例表；表4谓语动词直陈一般过去时人称一致性对应关系及示例表。

⑤ 见附录表7维吾尔语性质形容词比较级附加成分表。

之一①。一致性原则体现在维吾尔语中的人称一致关系上。人称一致关系表现在领属者和从属者之间、主语和谓语之间的对应成分上。就是说，根据领属人称的不同，从属名词后面要缀加相应的人称词尾；根据主语的人称不同，在谓语动词词末缀加相应的人称词尾。因此，一致关系涉及两个方面，即主语和谓语的人称，领属人称与从属词尾并不是在所有的上下文语句中全部出现。所以，一方的省略不会引起理解上的困难，省略后留下的空位可以通过一致关系来控制和理解。维吾尔语的领属者及从属者之间以及主语与谓语之间对应的人称一致。通过附录中的表1可知，维吾尔语中的领属者与从属者之间对应的人称一致性关系，并且二者之间存在严格的一一对应的关系。只是由于词干末尾的结尾音的圆唇与非圆唇不同，便相应地对应不同的附加成分。

　　人称一致性原则还体现在主语与谓语之间的人称一致性上。主语与谓语之间也存在严格的一一对应的人称关系。维吾尔语直陈式由三个一般时态范畴组成，即一般将来时、一般现在时、一般过去时；并且还有三个相对时态范畴组成，即相对将来时、相对现在时、相对过去时。通过附录中表3与表4可知，一般将来时与一般现在时共同拥有同一套人称一致性关系附加成分。通过以上动词人称的对应关系，充分说明一致性原则是维吾尔语句法特征。

---

① 戴维·克里斯特尔.现代语言学词典[M].沈家煊，译.北京：商务印书馆，2011：14.

2.2.2.3 与动词相关的语序特征

类型学研究通常是针对不同语言中的句法形态进行类型研究。我们从维吾尔语与动词相关的语序特征入手考察语序类型特征，以期揭示维吾尔语的语言类型特征，丰富语言类型学的研究。

在我们讨论汉语–维吾尔语动词相关的语序特点时，发现维吾尔语中与动词相关语序的特征包括两方面：一是动词在句法结构上的语序特征，二是动词后体现的附加语缀的顺序特征。

2.2.2.3.1 与动词相关的语序特征 —— 左分支方向

在汉语中，存在"动词+宾语"的顺序，而动宾结构在维吾尔语中表现为"宾语+动词"的顺序，维吾尔语中的谓语动词位于句子末尾，是最典型的"OV"语序表达。所以，与谓语动词结构相关的表达都在其前面展开。因此，在维吾尔语中与动词相关的成分的分支方向是左分支表现（←V），与现代汉语向右分支的表现正好相反，例如：

（2）mɛn u–niŋ–ʁa gyl–i–ni bɛr–dim.

←————————————————————

我 他–领属格–向格

花–从属3–宾格 给–过去时谓语人称单1

以上句子中，谓语动词"bɛr–"位于句末，与它相关的附属成分都在它的左边展开。"gyl"（花）和"u"（他）分别是谓语动词的直接宾语和间接宾语。直接宾语"gyl"比间接宾语"u"更靠近谓语动词这一核心成分，这也体现在语序上。

因此，形成了由谓语动词核心向左不断递进的情况。上句中的直接宾语成分与间接宾语成分同谓语动词核心之间的距离也体现在它们语义上的远近。而在日常交际表达中，上句也可以表达为：

（3）mɛn gyl-i-ni u-niŋ-ʁa bɛr-dim.

不难发现，在例（3）中划线部分内容是互换了例（2）中划线成分的位置，改变了直接宾语与间接宾语同动词之间的距离，使得"u"靠近了动词，位于动词最近的位置上。维吾尔语属于谓语动词核心居末的语言，动词前面的位置是焦点位置。因此，当调整间接宾语顺序，将之置于这个焦点位置上时，就突显变换带来的语用作用，构成强调"u"成分的句子，语义上强调"花是送给他的，不是送给别人的"。与汉语相比，维吾尔语形态发达，动词前带有格的成分排列顺序比较自由，同样可以被接受。但这种语序表现具有临时性、不稳定性。

在副动词句中，同样遵循与动词相关成分的分支向左的表现原则。不管分支成分是从属于谓语的成分，还是与谓语成分并列的成分，在语言的线形表现上都呈现出向左的分支方向。例如：

（4）u søzli-di.

他　说－过去时谓语人称单3

（5）u kylymsirɛ-p søzli-di.

他　微笑－副动　说－过去时谓语人称单3

←－－－－－－－－－－－－－－－－－－－－－

（6）u dɛrs-kɛ kel-ɛl-mi-di.

他　课－向格　来－能动－否定－过去时谓语人称单3

他没能来上课。

（7）u aʁri-p qel-ip dɛrs-kɛ kel-ɛl-mi-di.

他　疼－副动 助动－副动　课－向格　来－能动－否定－

过去时谓语人称单3

←－－－－－－－－－－－－－－－－－－－－－－－－－

他生病了没能来上课。

（8）u iʃ-qa bar-di.

他　事－向格 去－过去时谓语人称单3

他去上班了。

（9）u ʧej-i-ni iʃ-ip iʃ-qa bar-di.

他　茶－从属3－宾格　喝－副动 事－向格 去－过去时谓语

人称单3

←－－－－－－－－－－－－－－－－－－－－－－－－－

他吃完早饭去上班了。

（10）u ɛtigɛn tur-up, ʧej-i-ni iʃ-ip iʃ-qa bar-di.

他　早晨　起－副动 茶－从属3－宾格　喝－副动 事－向格

去－过去时谓语人称单3

←－－－－－－－－－－－－－－－－－－－－－－－－－

早晨他起了床，吃完早饭，去上班了。

由以上可知，汉维语中与动词相关的分支方向正好是相反
的。前文已经分析过，现代汉语是向右方向延伸的语言，而维
吾尔语则是向左方向延伸的语言。这些表现正好跟类型学上达

成的共识有关，即汉语是SVO语序，维吾尔语是SOV语序。

2.2.2.3.2 语缀的轨层结构体现

维吾尔语是通过在谓语动词之后附加词尾成分来组成一个完整句。针对谓语动词之后附加成分顺序的探讨，在传统语法著作中有或多或少的涉及。赵相如、朱志宁（1983）把维吾尔语中的附加成分分为三类，即构词附加成分、构词-构形附加成分和构形附加成分。谓语动词后附加的成分属于构形成分。由于附加成分的抽象化程度不同，所以附加成分之间也存在着层次的不同。他们认为动词词干后的附加顺序按照抽象化程度排列。抽象化程度高的远离词干，抽象化程度不高的靠近词干。首先得出最靠近词干的是构词成分，其次是构词-构形成分，最后是构形附加成分。动词之后附加构形成分的顺序则没有细致探讨。这个问题同样引起了类型学家的注意。拜比（Bybee1985）考察了50种语言的例子来测定了屈折词缀的排列顺序，得出了动词之后附加屈折词缀的概念紧密度排列顺序，即：

配价（及物性）<态<体<时<情态<人称或数标引 [1]

但是Croft认为以上词缀排列顺序还存在一些关于数据的问题。我国学者金立鑫（2000）在Croft基础上，提出动词后的词缀轨层排列顺序，即：

人称 — 模态 — 时 — 体 — 词根 — 体 — 时 — 模态 — 人

---

① BYBEE，JOAN. *Morphology*，Amsterdam Holland：John Benjamins，1985：14–15.

称①

维吾尔语的谓语动词之后附加成分的顺序基本上是在以上顺序的范围内。例如：

（11）mɛn uluʁ kitʃik tin-ip, qoʃna mɛhɛlli-gɛ qari-dim.

我 大的 小的 呼吸－副动 邻居 街道－向格 看－直陈谓语一般过去时人称单1

我深深吸了一口气，望着临街。

上句中"qara-"之后附加成分顺序为：过去时"-di"<第一人称单数"-m"。在不涉及"体"的情况下，"时"最靠近动词。需要说明的是，维吾尔语中对"体"的体现需要借助助动词参与，通常表现为两种形式：一是由–⁰p副动词结合助动词表达；二是副动词与某些助动词合并，经过语音融合构成表"体"的黏着成分。助动词承载"体"的表达，通过对–⁰p副动词所指的动作添加持续、完成、开始、试行等过程意义。我们可以通过例句中谓语动词分别带有不同成分的排列顺序来进行综合考察。在谓语动词后出现"态""体""时""人称"的情况可能有以下几种。

A 时－人称

（12）ajal-im tʃøtʃ-yp, ɛndik-ip køz-lir-im-gɛ qari-di.（文学作品）

妇女－从属人称单1 惊恐－副动 不安－副动 眼睛－复数－从属人称单1－向格 看－过去时谓语人称单3

---

① 金立鑫.语法的多视角研究[M].上海：上海外语教育出版社，2000：11-12.

我的老婆惊恐不安，看着我的眼睛。

B 体–时–人称

（13）ʁuva aj joruqi–da qol sel–ip, ʁiŋʃi–p naχʃa ejt–ip kel–ivat–i–mɛn

朦胧 月光–位格 手插–副动 哼唱–副动　歌　唱–副动–进行体–现在时–人称单1

（kel+ip+jat+mɛn>kelivatimɛn）.（《世界儿童文学名著汉维对照》）

朦胧的月光下我叉着手，哼着歌。

（14）u beʃi–ni ʧatriqi–ʁa saŋgilit–ip buqulda–p jiʁla–vat–atti(jiʁla+ip+jat+ar+idi> jiʁlavatatti).（《世界儿童文学名著汉维对照》）

他 头–宾格 灌木树–向格 耷拉–副动 发出呜呜声–副动 哭–进行体–过去时人称单3

他的头耷拉着对地灌木树，正呜呜地哭着。

C 态–体–时–人称

（15）baʁ–da　rɛŋmurɛŋ　gyllɛr　eʧ–il–ip　tur–at–ti.（tur+ar+idi>turatti）（杨承兴，116）

花园–位格 各种各样 花　开–中动–副动 助动–将来时 系动–过去时人称3

花园里各种各样的花开了。

（16）u tursun　bilɛn　paraŋliʃ–ip　oltur–at–ti（otur+ar+idi>oturatti）（哈米提，203）

他 吐尔逊 和　谈话–副动 助动–将来时系动–过去时人

称3

他和吐尔逊在谈话。

通过对以上例句的综合考察，我们发现动词后缀排列顺序所在篇章中分布，通常存在以上几种情况：时-人称、体-时-人称、态-时-人称、态-体-时-人称等。综合以上顺序得出维吾尔语谓语动词后语缀附加顺序为：动词词干>态-体-时-人称。

由以上综合结果，我们发现维吾尔语动词后附加语缀的顺序跟类型学的顺序框架一致。可以看出，在维吾尔语中"态"是直接附加在动词之上的，距离动词词干最近。可以将"态"看成是与动词关系最为密切的成分。"体"是从时间角度出发对行为或变化进行描述的主要与动词相关的语法范畴。维吾尔语的"体"种类较丰富，"体"是由助动词表现出来的。力提甫（2012）认为约有20种助动词可以表达不同的"体"的意义。在这些助动词中有14个在语音上保持一定的独立性，与前面的副词化实义动词分写，其余6个在使用过程中语音上出现压缩、融合现象，与前面的副词化实义动词连写[①]。虽然对于"体"意义的区分存在差异，但是都认为一切运动都伴随着"体"，"体"是动词内部的特征与属性。"体"是动词必须具

---

① 与前面-⁰p副动词分写的14个表"体"的助动词是：baq-/kør-、qar-、qoj-、kɛt-、taʃla-、bɛr-、bol-、ʧiq-、kɛl-、øt-、tur-、jyr-、oltur-等；与前面-⁰p副动词进行语音压缩融合的表"体"的助动词有3个，分别是-⁰p+jat->-⁰vat(-vat/-ivat/-uvat/-yvat)、-⁰p+al->-⁰val(-val/-ival/-uval/-yval)、-⁰p+ɛt->-⁰ vɛt(-vɛt/-ivɛt/-uvɛt/yvɛt)。还有3个虽然是经过语义压缩融合，但不是由-⁰p副动词与助动词的结合构成，在此不赘述。

备的形式。正如汉语中，即便没有"时"的语法范畴，也必须存在"体"的语法范畴。所以"体"范畴比"时"范畴在语义上更靠近谓语动词成分，在句法距离上也更靠近动词词干。

以上我们分别分析了汉语–维吾尔语维在类型上的总体特点。两种语言各自拥有不同的类型特征。下面我们来考察汉维连贯复句句型具有的特征。

2.3 汉维连贯复句句型特征

汉语–维吾尔语中都存在连贯复句。汉维连贯复句在句型上表现出各自的特征，二者既有相同点又有不同点。汉语的连贯复句在句型上表现为独立式，而维吾尔语的连贯复句在句型上表现出既有独立式也有包含式的特点。

2.3.1 汉语连贯复句句型 —— 独立式

复句是由两个或几个分句构成，每个分句都是由结构核构成。邢福义（2001）在探讨典型复句的特征时，提出了三个标准，即核同质、有核距与无共同包核层。其中，核同质是指两个或多个结构核具有相同的性质。最为常见的是每个分句的结构核都是谓词性的，结构表现为：动核+动核；形核+形核；

动核+形核或形核+动核等①。核距是从另一个角度保证典型复句的确定。

　　一般来讲，含核单位间如果停顿消失，那么复句的确立就会产生麻烦。无共同包核层是指每个结构核都拥有自身的包核层，不具有"共层"现象。不存在"共层"意味着不存在共同担当一个成分的现象。说明含核的单位在结构上是独立的。以上是邢先生针对典型复句的划分依据。连贯复句自然也遵守这个划分标准。连贯复句的每个分句在句法结构上都是独立的。正如邢先生所说分句的结构都是一个独立的"核"，这些"核"之间互不包容。

　　我们根据邢先生对复句结构的归类，归纳出连贯复句结构的组成特点。由于连贯复句具有两个或两个以上的分句结构"核"是普遍的，我们只涉及分句核的类型，不涉及对"核"个数的考量，因此，将汉语连贯复句的句型简要归纳为动核+动核、名核+动核等。例如：

　　（17）他长长地出了口气，闭上了眼睛。（CCL语料库）

　　（18）一阵风迎面吹来，脖子上发出了毛茸茸的声音。（CCL语料库）

　　（19）她放下镜子，拉开抽屉，拿出烟，吸着了一支。（梁晓声《年轮》）

　　（20）三个傻子看到其他人的手都放下了，也放下了手。（CCL语料库）

---

　　①　邢福义.汉语复句研究[M].北京：商务印书馆，2001：554.

（21）许三观把新发下来的手套叠得整整齐齐，放进自己的口袋，然后笑嘻嘻地回家了。（余华《许三观卖血记》）

（22）一片沉寂，同学们面面相觑，接着都盯着了他的脸看他。（CCL语料库）

（23）警察"哎哟"一声，一掌推得他向后趔趄数步，低头看手背，已然留下几个深深的牙印。（梁晓声《年轮》）

（24）突然一阵雷声，下起了倾盆大雨。（CCL语料库）

以上例句中构成每个分句的结构都是独立的，都由一个独立的"核"构成。例（17）中两个分句都是动宾结构；例（18）中两个分句是动宾结构；例（19）中三个分句都是动宾结构；例（20）中两个分句都是动宾结构；例（21）中第一个分句是动补结构，第二个与第三个分句均是动宾结构，前5例的分句均是由动宾结构构成的"动核"。

例（22）中第一个分句是定名结构，属于"名核"，第二个与第三个分句均是动宾结构，属于"动核"；例（23）中第一个分句是定名结构，属于"名核"，第二个分句是动补结构，第三个分句是动宾结构，属于"动核"；例（24）中第一个分句是定名结构，属于"名核"，第二个分句是动宾结构，属于"动核"。

以上例句中的分句无论是由动宾结构、动补结构还是定名结构构成，都是一个独立的"核"，两个分句在结构上互不包含，互不做对方的结构成分。因此，两个或多个分句属于独立式句型。独立式是汉语连贯复句在句型上的典型特征。

2.3.2维吾尔语连贯复句句型特征

经过对维吾尔语连贯复句的分析，发现维吾尔语连贯复句在句型上存在两种表达方式：一种是包含式，一种是独立式。如果我们对连贯复句的分句个数限定为两个，那么包含式是指第一分句内嵌在第二分句里，在句型上形成一个包含的结构。因此，我们称之为包含式。独立式是指前后两个分句互相不做对方的成分，都是由动词附加完句成分结尾的独立句构成，这种句型被我们称为独立式。

2.3.2.1包含式

维吾尔语连贯复句通常表现为前面一个或两个以上分句由 $-^0$p副动词结构充当，最后一个分句附加了完句标记人称的动词结构充当。力提甫·托乎提在《从短语结构到最简方案阿勒泰语言的句法结构》（2004）一书中，谈到短语结构时，指出"由于阿尔泰语言有丰富的时态和人称附加成分，可以采用I来概括，I是功能语类（包括时态和人称成分），是个充足句必有的成分，是整个句子的核心"[①]。因此，维吾尔语连贯复句的句型表现为由 $-^0$p副动词结构做谓语的小句包含在一个有完句标记的动词主句里，在句型上表现为包含结构，因此我们称之为包含式。例如：

（25）u beliq tut-uvatqan bir uqar-ni kør-yp, u-niŋ jen-i-ʁa kel-di.（《世界儿童文学名著汉维对照》）

---

① 力提甫·托乎提.从短语结构到最简方案：阿勒泰语言的句法结构[M].北京：中央民族大学出版社，2004：129.

他 鱼 抓－形动 一 鹭鸶－宾格 看－副动 它－领属 旁边－从属3－向格 来－直陈一般过去时谓语人称3

他看到一个正在抓鱼的鹭鸶，他便向它走去。

（26）u tapʃuruq-ni iʃlɛ-p bol-up, televizor kør-di.

他 作业－宾格 做－副动 完成体－副动 电视 看－直陈一般过去时谓语人称3

他做完作业，就看电视了。

（27）køz ald-im-diki mɛnziri-ni kør-yp, bir jil-niŋ ald i-da gezit-tɛ elan qil-in-ʁan bir xɛvɛr jad-im-ʁa kɛl-di.

眼睛 面前－范围 景象－宾格 看－副动一年－副动 前－位格 报纸－位格 发表－形动 一 （《世界儿童文学名著汉维对照》）新闻 回忆 助动－直陈过去时人称3

看到眼前的景象，我想起了一年前报纸上刊登的一条新闻。

（28）u tartmi-din bir albom-ni ʧiq-ir-ip, iʧ-i-din bir parʧɛ syrɛt-ni el-ip, janʧuq-i-ʁa sal-di.（《世界儿童文学名著汉维对照》）

他抽屉－从格一个影集－宾格里面－从格一张照片－宾格取－副动口袋－向格 装－直陈谓语过去人称3

他从抽屉里取出一本影集，从里面取下一张照片，装进了口袋里。

（29）u men-i jølɛ-p jat-quz-up qoj-up, pojiz doχtur-i-ni ʧaqir-di.（《世界儿童文学名著汉维对照》）

他 我－宾格 扶－副动躺－使动－副动 助动－副动火车 医

· 51 ·

生－宾格叫－直陈谓语过去时人称3

他扶我躺下，去叫列车上的医生。

由以上例句可以看出，以上各连贯复句中，句型上表现为第一个分句是由－ᵖp副动词结构构成的小句内嵌在由完句标记构成的大句当中，第一个分句在句法上不独立，整个结构依附于主句。例（25）中小句"u beliq tutuvatqan bir uqarni køryp"（他看见一只正在抓鱼的鹭鸶）内嵌在大句"uniŋ jeniʁa kelidi."（他向它走去）中。例（26）中的小句"u tapʃuruqni iʃlɛp bolup"（他做完作业）内嵌在大句"televizor kɛrdi"（他看电视）中。例（27）中的小句"køz aldimdiki mɛnzirini køryp"（看到眼前的景象）内嵌在大句"bir jilniŋ aldida gezittɛ elan qilinʁan bir xɛvɛr jadimʁa kɛldi"（我想起了一年前报纸上登的一条新闻）里面。例（28）中的小句"utartmidin bir albomni tʃiqirip"（从影集里取出）和小句"iʃidin bir partʃɛ syrɛtni elip"（从里面拿出一张照片）内嵌在大句"janʃuqiʁa saldi"（装进口袋里）里面。以上内嵌在主句中的从句在句法结构上不能独立成句，例如：

（25'）*u beliq tutu-vatqan bir uqar-ni kør-ypu-niŋ jeni-ʁa kel-di.

（26'）* u tapʃuruq-ni iʃlɛ-p bol-uptelevizor kør-di.

（27'）* køz aldim-diki mɛnziri-ni kyr-ypbir jil-niŋ aldi-da gezit-tɛ elan qilin-ʁan bir xɛvɛr jadimʁa køl-di.

（28'）*u tartmi-din bir albom-ni tʃiqir-ipiʃi-din bir partʃɛ syrɛt-ni el-ip, janʃuqi-ʁa sal-di.

（29'）*u men-i jølɛ-p jat-quz-up qoj-uppojiz doxturi-ni ʧaqir-di.

不难看出，作为内嵌在主句中的从句都是由 –⁰p 副动词结构充当的，–⁰p 副动词是动词非人称形式，缺乏完句所必需的完句成分——人称与时词缀。因此，从句在句法结构上都不具有独立性。

由此可见，维吾尔语连贯复句的句型特点是包含式，表现在前面分句内嵌在后面以完句成分结尾的大句里。

2.3.2.2 独立式

在维吾尔语的连贯复句表达中，除了在句型上属于包含式的表达之外，还存在与汉语类似的结构句型"独立句+独立句"形式的表达。也就是说，每个分句都是一个句法上的独立句。通常这类表达不普遍。我们为了展现连贯复句在两种语言中表达的全貌，所以我们也将"独立句+独立句"这种类型的连贯复句做简要分析。例如：

（30）biz dølɛt-niŋ igilik hoquq-i vɛ zemin pytynlyk-i-ni qɛtij qoʁda-jmiz, dølɛt parʃili-n-idiʁan tarixij paʤiɛ-niŋ tɛkrarlin-iʃ-i-ʁa mutlɛq jol qojma-jmiz.（《毛泽东选集》）

我们 国家－领属 所有 权利 和 领土 完整 保卫－直陈现在时人称1复 国家 分裂－形动 历史 的 悲剧－领属 重复 绝对的 实施－否定－直陈现在时人称1复

我们坚决维护国家主权和领土完整，绝不容忍国家分裂的历史悲剧重演。

（31）qiz qorsiq-i-ni tut-ti, buqulda-p jiʁli-di.（《世界儿童

文学名著汉维对照》）

姑娘 肚子－从属3－宾格 摸－直陈谓语一般过去时人称单3 抽泣－副动哭－直陈谓语一般过去时人称单3

姑娘摸了摸肚子，抽泣着哭了起来。

在维吾尔语中，连贯复句也有采用"独立句＋独立句"结构表达的。分句在结构上是由一个完整的句子充当的。力提甫·托乎提（2004）指出"完整的句子是充足句IP，I是指句子带有时和人称变化"①。例（30）中由两个分句构成，且每个分句均由一个完整的独立句构成。前一分句谓语动词"qoʁda-"（保卫）具有完句成分时与人称"-jmiz"。后一分句谓语动词"jol qojma-"（允许）后附加时与人称成分"-jmiz"。例（31）中前一分句谓语动词"tut-"（摸肚子）后附加完句成分"-ti"，后一分句谓语动词"jiʁl-"后附加完句成分"-di"来构成完整句子，使每个分句具有表述性。通过以上例句可知，连贯复句的前后两个分句都是由完整的独立句构成，句末都有完句成分，即时态与人称黏着成分。

综上可见，汉语的连贯复句在句型上表现出独立性，属于独立式；维吾尔语连贯复句在句型上不仅表现出包含特点，还表现出"独立句＋独立句"的独立性特点。一般情况下，后者表达不普遍。因此，与独立式结构相比，包含式是维吾尔语连贯复句在句型上的典型特征，同时也是与汉语连贯复句在形态类型学上的最大不同。

① 力提甫·托乎提.从短语结构到最简方案：阿勒泰语言的句法结构[M].北京：中央民族大学出版社，2004：129.

2.4 小结

在本章我们对类型学的发展进行了梳理。语言类型学在不断发展过程中，传统类型学到现代类型学越来越系统，研究方法、理论建构也都越发完善。国内外语言类型学领域相继产生了大量成果。我们立足于这些研究成果之上，对汉维句法结构特点进行了总结与梳理。对两种语言进行比较后，总结出汉语形态不太发达，虚词与语序在句法中很重要，句法结构具有同构性；而维吾尔语形态发达，语序相对自由，语法范畴丰富，句法遵循一致性原则。随后，我们针对汉维连贯复句句型进行了分析与比较，发现汉语连贯复句句型属于分析式，而维吾尔语连贯复句句型主要属于包含式，也存在分析式。汉语连贯复句的分析式句型特征与维吾尔语连贯复句中的包含式句型特征在类型学上是一对具有典型意义的特征，同时也是汉维连贯复句在语言类型学上最显著的区别。

第三章　汉维连贯复句三个平面特征比较

　　三个平面理论由胡裕树先生于20世纪80年代首次提出。胡裕树先生（1996）指出"不仅汉语语法中存在三个平面，世界上各种语言都存在三个平面"①。三个平面理论是指语法研究的三个平面，即"句法平面、语义平面与语用平面"。三个平面理论告诉我们从这三个平面对语言进行分析会更科学。"三个平面提倡在研究一个语法系统时，将句法、语义与语用三者结合起来，使句法研究做到形式与意义相结合，描写与解释相结合，静态与动态相结合。"②一个句子是句法、语义及语用三者的结合体，既包含句法与语义，也包含语用。句法是核心，通过句法可以探求语义、语用价值。三者相互影响，相互制约，缺一不可。

　　胡裕树、范晓在《试论语法研究的三个平面》（1985）一

---

　　① 胡裕树，范晓.深化"三个平面"理论的研究[J].韩山师院学报，1996（2）.

　　② 胡裕树，范晓.深化"三个平面"理论的研究[J].韩山师院学报，1996（2）.

文中认为"一个句子是否合法，应该将句子置于语法的三个平面，即语法、语义及语用的三个层面上来考察会更清晰明确"①。王艾录（1990）指出："一个句子是由语法、语义及语用三方面协同制约的，只有三个方面都合格，句子才能成立。语法、语义方面不合格，属于病句，语用方面不合格，同样句子也不能独立。句子的合法程度是受三个平面共同规定的。语法层面要求句子结构正确；语义层面要求句子语义完整，成分间的语义符合逻辑关系；语用层面要求句子能在具体语境中独立完成交际任务。任何一个合格的句子，都要受到语法、语义及语用三方面的协同作用的制约②。"

因此，在对语法系统进行探究时，采用三个平面理论对其进行全方位描写与解释是更科学的。针对汉维连贯复句的考察也离不开三个平面理论的支撑。下面我们借鉴三个平面理论来对汉维连贯复句进行分析与讨论，以期得出汉维连贯复句在三个平面上的特点。

需要说明的是，在这一部分的分析中，为了避开干扰因素，便于描写，我们将语料界定在不含关联标记，且分句的数量为两个的连贯复句中进行。我们的分析在汉语连贯复句与维吾尔语中由 $-^0p$ 副动词构成的连贯复句之间进行比较。以期发掘出汉维连贯复句在句法、语义及语用三个平面上的共性与个性。

---

①　胡裕树，范晓.试论语法研究的三个平面[J].新疆师范大学学报，1985（2）.

②　王艾录.汉语成句标准思考[J].山西大学学报，1990（4）.

3.1汉维连贯复句"三个平面"解析

依据三个平面理论可知，结构、语义及语用层面相互关联，相互影响，互相制约。从三个平面对汉维连贯复句在各自语法系统内进行考察，会发现诸多特点，这些特点既具有相同点也有相异之处。在这里，我们将从汉语连贯复句中的分句在句法、语义及语用层面是否具有独立表述性以及与整个连贯复句的表述性之间的相互关系等方面进行考察，既分析它们之间的共性，也分析它们之间存在的差别。

3.1.1汉语连贯复句"三个平面"解析

汉语连贯复句分句之间在结构上互不从属，相互独立。因此，从语言类型上来讲，分析式是汉语连贯复句在结构上所具有的特征。经过对所搜集的语料进行分析与观察，发现汉语连贯复句在结构上分句间相互独立，属于分析式，但是在语用层面上前后分句还具有其他特点。

3.1.1.1完句成分

胡明扬（1989）提出句子是否独立，要看是否带有在句子上必有的成分，这些成分被称为"完句成分"。并且他分析了汉语完句成分一般包括：一些副词、助词，表否定、疑问和祈使等功能的语调以及语序等。王艾录（1990）认为汉语的语用成句与环境因素相关，并且将环境因素分为内部与外部两方面。前者包括附加成分、语气词与独立语、了$_2$等；后者包括骈对语用场、问答场、抒情场、习惯场等。除此，他还指出环境部分表达越丰富，越能促进成句。贺阳（1994）认为完句功能的成分除了语调以外，还包括语气、否定、时、体、情态范畴等。

邢福义（1995）提出了"小句中枢说"理论，邢先生所指的小句不仅包括独立的单句，还包括复句中的分句。他指出小句成活率是与三个条件或标准相关的。一是必须有语气；二是必须有成句的句法单位；三是必须是有效的表述，将说话人的意图表述出来。如果小句具备前两个条件才能成型，同时具备三个条件才能生效。

综上所述，完句成分是一般不依赖具体语言环境或上下文环境就能够使句子完成独立表述的必需的那些语言结构成分。完句成分具备使语言表达式完成独立表述的完句功能。在这里，我们仅仅是针对连贯复句分句中是否出现完句成分而判断句子是否为语用完整句。

3.1.1.2 分句的三个平面特征

汉语连贯复句的特征是前后分句都因不具有完句成分而不能独立成句。胡明扬、劲松（1989）在论述流水句结构特征时，指出独立句段与非独立句段的区分标准是离开具体的语境或上下文能否独立成句。非独立句段离开具体语境或上下文不能独立成句。而独立句段离开具体语境或上下文能够独立成句。他又指出非独立句段是由于缺乏必需的一些被称为完句成分的成分。非独立句段虽然不能独立成句，但是非独立句段与非独立句段一起可以构成更大的独立复合句段。因此，汉语连贯复句也是由不能独立成句的分句组合构成的能独立表述的语言片段。

经过对所搜集到的语料进行考察，发现汉语连贯复句存在两种不同的情况。一是前后分句具有同一个主语，具有同一主语时，通常可以承前省略或蒙后省略；二是前后分句不具有同一主语，通常前后分句的主语都不可省略。

3.1.1.2.1 分句主语相同的连贯复句的三个平面特征

此类连贯复句的前后分句拥有同一主语。并且该主语通常不出现在各个分句中，一般后一分句采用承前省略的方式与前一分句进行衔接。例如：

（1）她吃惊地扭回头，一时愣住了。（CCL语料库）

（2）三个孩子跪一排，一起用脑袋敲起了地。（CCL语料库）

（3）他说完谢谢，转身疾步走了。（CCL语料库）

（4）她夹起一片猪肝，放进嘴里。（CCL语料库）

（5）她打开箱子，在箱子里找了一阵子。（CCL语料库）

（6）他猛一推门，跌了个大跟头。（CCL语料库）

（7）晓嵩站起来，走出了教室。（CCL语料库）

（8）他一口喝了杯中的酒，觉得浑身热起来了。（CCL语料库）

（9）他脱去了外罩衣，躺在了手术台上。（CCL语料库）

通过观察，以上例（1）中前一分句"她吃惊地扭回头"属于主谓结构，后一分句"一时愣住了"属于偏正结构。例

（2）中前一分句"三个孩子跪一排"属于主谓结构，后一分句"一起用脑袋敲起了地"属于动宾结构。例（3）中前一分句"他说完谢谢"属于主谓结构，后一分句"转身疾步走了"属于连动结构。例（4）中前一分句"她夹起一片猪肝"属于主谓结构，后一分句"放进嘴里"属于动宾结构。例（5）中前一分句"她打开箱子"属于主谓结构，后一分句"在箱子里找了一阵子"中的"找了一阵子"属于动补结构。例（6）前一分句"他猛一推门"属于主谓结构，后一分句"跌了个大跟头"属于动宾结构。例（7）前一分句"晓嵩站起来"属于主谓结构，后一分句"走出了教室"属于动宾结构。例（8）前一分句"他一口喝了杯中的酒"属于主谓结构，后一分句"觉得浑身热起来了"属于动补结构。例（9）前一分句"他脱去了外罩衣"属于主谓结构，后一分句"躺在了手术台上"属于动宾结构。以上例句中前后分句结构上互相独立，互不从属，语义上也是独立的。但是从语用层面上来看前后分句不能独立表达。例如：

（1'）＊她吃惊地扭回头

　＊一时愣住了

她吃惊地扭回头，一时愣住了。

（2'）＊三个孩子跪一排

＊一起用脑袋敲起了地

三个孩子跪一排，一起用脑袋敲起了地。

（3'）＊他说完谢谢

＊转身疾步走了

他说完谢谢，转身疾步走了。

（4'）*她夹起一片猪肝

*放进嘴里

她夹起一片猪肝，放进嘴里。

（5'）*她打开箱子

*在箱子里找了一阵子

她打开箱子，在箱子里找了一阵子。

（6'）*他猛一推门

*跌了个大跟头

他猛一推门，跌了个大跟头。

（7'）*晓嵩站起来

*走出了教室

晓嵩站起来，走出了教室。

（8'）*他一口喝了杯中的酒

*觉得浑身热起来了

他一口喝了杯中的酒，觉得浑身热起来了。

（9'）*他脱去了外罩衣

*躺在了手术台上

他脱去了外罩衣，躺在了手术台上。

以上例句中的前一分句如例（1'）—例（7'）中的前一分句"她吃惊地扭回头""三个孩子跪一排""他说完谢谢""她夹起一片猪肝""她打开箱子""他猛一推门""晓嵩站起来"等由于缺乏完句成分的参与，因此不能独立成句，在语用层面上不能成为完整的句子。例（8'）—例（9'）中的前一分句"他一口喝了杯中的酒""他脱去了外罩衣"在结构上具有独立性，但在语用层面上不具有独立表述性。吕叔湘在1980年编著的《现代汉语八百词》中，指出"了₁"用在动词后，如果该动词后有宾语，"了₁"用在宾语前，这种结构不独立成句，因为有后续小句时，表示前一动作完成后再发生后一情况[①]。所以，前一分句不能完成语用句的表达。例（1'）— 例（9'）中后一分句均承前省略了主语，因此，也不具有完整表述性，在语用层面也不能成为合格的句子。

综上分析，分句主语相同的连贯复句的前后分句在结构上互不从属，相互独立，在语义上是完整的。但在语用层面上前后分句均不能独立成句，只能通过前后分句一起完成语用独立句的表达。

3.1.1.2.2 分句主语不同的连贯复句的三个平面特征

在汉语连贯复句中还存在分句主语不同的情况。即前一分句主语与后一分句主语不相同。例如：

（10）他笑起来，脸上的皱纹堆到了一起。（CCL语料库）

（11）苏童不小心撞了桌子，碗里的饭菜全洒到了桌子上。（CCL语料库）

（12）他们向着天空张开了嘴，刺耳的哭声向着天空飞去。（CCL语料库）

（13）他咬了一口烤红薯，香和甜立刻沾满了他的嘴。（CCL语料库）

（14）他们来到人民饭店，饭店里开票的、跑堂的、吃着

---

① 吕叔湘.现代汉语八百词[M].北京：商务印书馆，1980：351.

的都笑着向他们招手。（CCL语料库）

例（10）中的前一分句"他笑起来"属于主谓结构，后一分句"脸上的皱纹堆到了一起"属于主谓结构。例（11）中的前一分句"苏童不小心撞了桌子"属于主谓结构，后一分句"碗里的饭菜全洒到了桌子上"也属于主谓结构。例（12）中的前一分句"他们向着天空张开了嘴"属于主谓结构，后一分句"刺耳的哭声向着天空飞去"也属于主谓结构。例（13）中的前一分句"他咬了一口烤红薯"属于主谓结构，后一分句"香和甜立刻沾满了他的嘴"也属于主谓结构。例（14）中的前一分句"他们来到人民饭店"属于主谓结构，后一分句"饭店里开票的、跑堂的、吃着的都笑着向他们招手"也属于主谓结构。

不难看出，以上例句的前后分句在句法上都属于主谓结构，并且前后分句在结构上各自独立，互不做对方的任何结构成分。

如果我们将前后分句分开来考察，那么就会发现前后分句在是否具有语用的独立性上表现出不同的特征。例如：

（10'）*他笑起来

*脸上的皱纹堆到了一起

他笑起来，脸上的皱纹堆到了一起。

（11'）*苏童不小心撞了桌子

*碗里的饭菜全洒到了桌子上

苏童不小心撞了桌子，碗里的饭菜全洒到了桌子上。

（12'）*他们向着天空张开了嘴

*刺耳的哭声向着天空飞去

他们向着天空张开了嘴，刺耳的哭声向着天空飞去。

（13'）*他咬了一口烤红薯

*香和甜立刻沾满了他的嘴

他咬了一口烤红薯，香和甜立刻沾满了他的嘴。

（14'）*他们来到人民饭店

*饭店里开票的、跑堂的、吃着的都笑着向他们招手

他们来到人民饭店，饭店里开票的、跑堂的、吃着的都笑着向他们招手。

通过以上例句可以看出，例（10'）中前一分句"他笑起来"由于不具有完句成分，在结构上不具有独立性；后一分句"脸上的皱纹堆到了一起"由于不具有成句条件——完句成分，因此在结构上不具有独立性。例（11'）中前一分句"苏童不小心撞了桌子"中虽然出现了"了"，表动作完成，但分句缺乏完句成分，分句不具有独立性；后一分句"碗里的饭菜全洒到了桌子上"中由于句末不具备语气词"了"，因此后一分句也不具有独立性。例（12'）中前一分句"他们向着天空张开了嘴"中虽然出现了"了"，但是"了"出现在动词"张开"之后、宾语"嘴"之前，后续有小句，因此"了"表示动作完成，该分句不具有独立性；后一分句"刺耳的哭声向着天空飞去"中由于不具备完句成分语气词"了"，因此后一分句也不具有独立性。例（13'）中前一分句"他咬了一口烤红薯"中虽然出现了"了"，但是"了"出现在动词"咬"之后、宾语"一口烤红薯"之前，后续有小句，因此"了"表示动作完

成，该分句不具有独立性；后一分句"香和甜立刻沾满了他的嘴"中由于不具备完句成分语气词"了"，因此后一分句也不具有独立性。例（14'）中前一分句"他们来到人民饭店"因缺少完句成分而不具有独立性；后一分句"饭店里开票的、跑堂的、吃着的都笑着向他们招手"也因缺乏完句成分而不具有独立性。

综上分析可知，主语相同或不相同的分句组成的连贯复句在三个平面上表现出相应特征，前后分句在结构上各自独立，互不从属，但结构上都不具备独立成句的条件，因此前后分句在语用层面也不具有独立性。所以，不具有独立成句的分句组合起来才能够完成语用表达。

3.1.2 维吾尔语连贯复句"三个平面"解析

这里我们所探讨的对象是维吾尔语中由 $-^0p$ 副动词构成的连贯复句。此类型连贯复句在结构上体现出内嵌式特征，分句在句法、语义及语用三个平面上也体现出各自的特点。

3.1.2.1 成句标准 —— 人称与时标记

与汉语相比较，维吾尔语属于形态较发达的语言，句子的主谓或动名之间保持着形态上的一致性关系。数、格、时、体、人称都具有语法范畴，在句中伴随着词语的形态变化及其关联中得到体现。因此，成句的标准容易确定。句中主谓成分只需要保持一致性即可，也就是说谓语动词之后通过附加表示与主语保持一致的人称与时标记就能完成语用独立句的表达[①]。前文已有相关论述，在此不赘述。

3.1.2.2分句结构特征

维吾尔语中由$-^0$p副动词构成的连贯复句表现为具有完句成分的大句内嵌套一个或多个$-^0$p副动词结构构成的小句，在语言类型上属于典型的综合式表达。具体表现是小句的谓语由$-^0$p副动词充当，$-^0$p副动词是动词非人称形式，不具有完句标记。只有主句的句末具有与主语在人称上一致的黏着性完句标记。因此，由$-^0$p副动词构成的分句在结构上属于从句，在语用上不能独立表达；而具有人称一致性成分的分句属于主句，主句不仅在结构上具有完整性，且在语用上也可以独立使用。例如：

（15）u ɛtigɛn tur–up, ʧej–i–ni iʧ–ip iʃ–qa bar–di.（杨承兴，2002）

他 早晨 起床–副动 茶–从属3–宾格 喝–副动 事–向格 去–直陈一般过去时谓语人称3

他早晨起了床，吃完饭，去上班了。

（16）mɛn telefon–ni el–ip, dost–um bilɛn søzlɛʃ–tim.（力提甫·托乎提，2004）

我 电话–宾格 接–副动 朋友–从属 和 说话–直陈一般过去时谓语人称1

我接起（朋友的）电话，与朋友聊起了天。

（17）qar jaʁip, ʃamal ʧiqip, jahan muzli–di.（力提甫·托乎

---

① 具体参见附录中表3谓语动词直陈一般现在时/将来时人称一致性对应关系及示例表和表4谓语动词直陈一般过去时人称一致性对应关系及示例表。

提，2004）

雪 下－副动 风 起－副动 世界 冻冰－直陈过去时谓语人称3

下雪了，起风了，大地结冰了。

（18）aptomobil idari-niŋ dɛrvazi-si-din ʧiq-ip, udulla-p xɛjbin beliqʧiliq piristan-i-ʁa qara-p jyr-yp kɛt-ti.

汽车 单位－领有 大门－从属3－从格 出来－副动 直行－副动 海滨 渔业 码头－从属3－向格 朝－副动 跑－副动 助动－直陈谓语过去时人称3

汽车开出了单位大门，直向海滨渔业码头驶去。

通过以上例句不难看出，维吾尔语连贯复句的主句拥有完句标记，即通过在主句的谓语动词之后附加黏着式附加语缀（人称）来完成句子的表达，从句谓语由－⁰p副动词结构充当，不具有完句标记。因此，维吾尔语连贯复句是由一个主句内包含一个或多个－⁰p副动词结构构成的从句，这些从句是用来修饰主句的动词或整个主句的。因此，从句谓语都不具有完句成分——人称语缀。正因如此，从句的谓语由－⁰p副动词结构充当。力提甫·托乎提（2004）指出副词化短语正如例句中的"turup"（起床）、"ʧejini iʧip"（吃饭）、"telefonni elip"（接电话）、"qar jaʁip"（下雪）、"ʃamal ʧiqip"（刮风）、"aptomobil idariniŋ dɛrvazisidin ʧiqip"（汽车从单位大门出来）等结构不是主句的必要修饰成分，可以看成是"附加语"[1]，这

---

① 力提甫·托乎提.从短语结构到最简方案：阿尔泰语言的句法结构[M].北京：中央民族大学出版社，2004：167-169.

种附加语的数量可以无限多。这些副词化短语对于它们各自的主句来讲是无关紧要的，只是一种附加说明。因为主句具有与主语一致的完句标记——人称附加成分。以上例句中划线部分分别是主语和主句谓语动词，如"u"和"iʃqa bardi""mɛn"和"søzlɛʃtim""jahan"和"muzlidi""aptomobil"和"jyryp kɛtti"。这些主语与主句谓语动词组合起来构成完整的句子。无论上述"附加语"是否出现，主句仍然可以独立表达。

综上分析可得，整个连贯复句在结构上属于典型的内嵌式，从句内嵌在主句中，从句在前，主句在后，体现出主从关系特征。

3.1.2.3 分句语用独立性

通过以上分析不难发现，以上复句的分句均是由 $-^0$p 副动词结构构成的，$-^0$p 副动词是动词性非人称形式，不具有人称与时含义。因此，分句在结构上不能独立成句，虽然可以表达语义，但在语用层面上不能独立使用。例如：

（15'）* u ɛtigɛn tur-up（他早晨起床）

* （u）ʧej-i-ni iʃ-ip（他吃早饭）

（u）iʃ-qa bar-di（他上班去了。注：-di 一般过去时第三人称）

（16'）* mɛn telefon-ni el-ip（我拿电话）

dost-um bilɛn søzlɛʃ-tim（我和朋友聊天了。注：-tim 一般过去时第一人称）

（17'）* qar jaʁip（下雪）

* ʃamal ʧiqip（刮风）

jahan muzl–idi（大地冻冰了。注：–idi一般过去时第三人称）

（18'）* aptomobil idari–niŋ dɛrvazi–si–din ʧiq–ip（汽车出单位大门）

（aptomobil）udull–ap xɛjbin beliqʧiliq piristani–ʁa qara–p jyr–yp kɛt–ti（汽车直朝海滨渔业码头驶去了。注：–ti一般过去时第三人称）

以上打*号的例子不能独立表达，如果将分句中由–⁰p副动词构成的成分换成带有与主语一致的人称与时标记的完句成分，那么就可以完成句子的独立表达。例如：

（15"）u ɛtigɛn tur–idu.他早晨将要起床。（一般将来/现在时）

 u ɛtigɛn tur– idi.他早晨起床了。（一般过去时）

(u) ʧej–i–ni iʧ–idu.他将要吃早饭。（一般将来/现在时）

(u) ʧej–i–ni iʧ–ti.他吃过早饭了。（一般过去时）

（16"）mɛn telefon–ni alimɛn.我（要）拿起电话。（一般将来/现在时）

mɛn telefon–ni aldim.我拿起电话了。（一般过去时）

（17"）qar jaʁ–idu.要下雪了。（一般现在/将来时）

qar jaʁ–di.下雪了。（一般过去时）

ʃamal ʧiq–idu.要刮风了。（一般现在/将来时）

ʃamal ʧiq–ti.刮风了。（一般过去时）

（18"）aptomobil idari–niŋ dɛrvazi–si–din ʧiq–idu.汽车要出单位大门了。（一般现在/将来时）

aptomobil idari-niŋ dɛrvazi-si-din ʧɪq-ti.汽车出了单位大门了。（一般过去时）

通过以上分析，发现由 $-^0$p 副动词构成的分句在结构上不具有独立性，以上例（15'）—例（18'）中打＊号的例子虽可表达语义，但是不具有语用独立性。但是后一分句（无＊号例句）在谓语动词上缀加了完句成分——人称与时标记，即使主语不显示，也不影响语义的表达及语用的交际目的。例（15"）—例（18"）的例句是将例（15'）—例（18'）中不具有独立表述性的例子（打＊号）增添了相应的人称与时标记的完句成分而获得了独立性。因此，例（15）—例（18）中的连贯复句表现出以下特征：在句法结构上，前一分句不具有独立性，而后一分句（主句）具有独立性；语义层面上具有完整性；语用层面上，前一分句不具有独立性，而后一分句属于语用独立句，具有独立表述性。

综上所述，我们可以得出维吾尔语 $-^0$p 副动词构成的连贯复句的特征是：在结构上，前一分句不具有独立性，后一分句具有独立性，因此前一分句承担从句角色，后一分句承担主句角色，体现出主从关系特征。不管分句在结构上是否具有独立性，其语义都具有完整性；而在语用层面上，前一分句不具有独立表述性，后一分句具有独立表述性，因此也体现出语用上的主从关系特征。

3.2汉维连贯复句三个平面的共性与个性

通过前文分析，我们可以将汉维连贯复句在"三个平面"上的特点总结如下。

3.2.1汉维连贯复句三个平面的共性

通过以上分析，发现汉语连贯复句与维吾尔语由 $-^0p$ 副动词构成的连贯复句具有某些共同特征。

汉语连贯复句的分句在句法结构上都具有独立性，类型上属于分析式，但是在语义层面上具有完整性。例如：

（19）老师做了一个往下压的手势，学生们顿时安静了下来。（CCL语料库）

以上例句中的分句在句法结构上都是独立的，虽然语用上由于不具备完句成分而不具有独立性，但是在语义上是完整的、自足的。在这方面，维吾尔语连贯复句也存在共同特点。由 $-^0p$ 副动词构成的分句内嵌于具有完句成分的主句中，在句法结构上不具有独立性，但是 $-^0p$ 副动词构成的分句所表达的语义是完整的、自足的。例如：

（20）u maŋ-a jandi-ʃ-ip meŋ-ivet-ip, maŋa bir xalta sun-di.

他 我－向格 靠近 走－副动 我－向格 一个包裹 递－直陈谓语一般过去时人称3

他走到我跟前，递给了我一个包裹。

以上例句的前一分句在句法结构和语用上不具有独立性，而后一分句在句法结构和语用上具有独立性，但是在语义上具有完整性与自足性。例如：

（20′）*u maŋa jandiʃip meŋivet–ip maŋa bir χalta sun–di.

他 我–向格 靠近 走–副动 我–向格 一个包裹 递–直陈谓语一般过去时人称3

他走近我递给我一个包裹。

综上，发现不管汉维连贯复句的分句在三个平面上是否具有独立性，其语义都是完整的、自足的。这是汉维连贯复句在三个平面上的共同特征。

3.2.2 汉维连贯复句三个平面的个性

通过以上分析，可以将汉维连贯复句在三个平面上的不同个性总结如下。

汉语连贯复句的分句在句法结构上互不从属，相互独立。语用层面上前后分句都不具有独立性，因此，语用上的独立性表达需要借助前后分句共同完成。

而在维吾尔语中，连贯复句中由 –⁰p 副动词结构构成的分句内嵌于主句中，承担从句角色，属于主句的一部分，在结构上不具有独立性。具有主句角色的后一分句，由于动词上附加了完句成分——人称与时标记，所以后一分句具有独立表述性。因此，前后分句间体现出主从关系，由于主从特征主要体现在句法层面上，因此由句法层面映射到语用层面，不过语用层面也体现出主从关系特征。

3.3小结

我们立足于三个平面之上，分别对汉维连贯复句在句法、语义及语用三个层面的特点进行了分析与探讨，发现了汉维连贯复句的共性与个性特征。

汉维连贯复句在三个平面上的共性表现为不管分句在句法结构上是否独立，其分句中的结构式所表达的语义是完整的。这是汉维连贯复句在语义层面上的共性。

汉维连贯复句在句法、语义及语用层面上的个性特征表现为：汉语连贯复句的分句在句法结构上具有独立性，整个复句在语用层面上才具有独立性，承担语用句的表达。在维吾尔语连贯复句中，由 $-^0p$ 副动词构成的分句在句法上表现为不具有独立性，最后一分句具有独立性，表现出主从关系特征。因而在语用层面上同样表现为由 $-^0p$ 副动词构成的分句不具有独立性，最后一分句具有独立表述性，也表现出主从关系特征。

第四章　汉维连贯复句比较

在前文中，我们从类型学角度对汉维连贯复句进行考察与分析，发现汉维连贯复句具有类型学上的诸多特征。在这一章里，我们将从结构形式、形式表达等方面入手对汉维连贯复句进行比较，以得出相应结论。

4.1 汉语连贯复句

4.1.1 汉语连贯复句界定

在对复句的划分与叫法上，学者们对待连贯复句的观点与看法不如并列复句那么一致。大体都认为它属于复句中的一种类型，但具体的叫法不那么统一。有的学者称之为"连贯复句"（吕叔湘，1985；胡裕树，1995；邢福义，2001；邵敬敏，2012）；有的学者称之为"承接复句"（陆庆和，2000）；还有学者称之为"承接复句""顺承复句"（黄伯荣、廖序东，

2002；张斌，2008）。虽然各家对连贯复句的称呼有所不同，但实质所指是一致的。学者们都认为此类复句的分句之间存在时间先后关系。其中，邢福义（2001）在探讨由标记构成的连贯复句句式时，指出"凡是连贯句式，都表示动作先后连贯。所谓先后连贯，实际上包含两个层面的意义：一是指两个或几个动作有先有后；二是指两个或几个动作连贯承接"①。这也是连贯复句区别于其他复句最大的特征。连贯复句所说的动作或事件在时间先后上形成纵线序列。

通过观察发现，从深层结构来看，连贯复句的结构与其他几个结构具有相似性，如它与连动式、兼语式、紧缩句、联合结构做谓语的句子以及并列句等都存在一些相同点。为了便于后续的分析，我们有必要将他们进行区分，以免产生混乱。

邢欣（1987）将连动式的结构特点与其他相似结构进行了分析与比较。通过生成语法理论揭示连动式的表层与深层结构不一致，表层结构是综合式，而深层结构是分析式。在由深层结构转换成表层结构时，进行了删除与合并操作。此外，邢欣教授还将连动式与其他相似结构（兼语式、紧缩句、联合谓语句、复句等）进行了区分与辨析，找出这些句式在深层结构上所具有的相同点与不同点。刘丹青在《汉语及亲邻语言连动式的句法地位及显赫度》（2015）一文中指出："连贯复句与连动式之间的差别在于停顿。如果连动式中的VP之间有停顿，那么就是并列或顺承复句，表示事件并列发生或事件顺承发生，

---

① 邢福义.汉语复句研究[M].北京：商务印书馆，2001：44.

每个事件都具有独立性。^①"刘丹青在《汉语的若干显赫范畴：语言库藏类型学视角》（2012）一文中，认为"汉语连动结构与复句的共同点是以在后的部分为主要部分，在前的部分为从属或次要的部分"^②。以上学者针连贯复句与其他若干类似结构之间的区别做了探讨，下面我们在前人研究基础上，将连贯复句与若干类似结构在深层结构上存在的差别做一梳理与分析。

4.1.2 连贯复句与其他相似结构的区别

连贯复句的结构形式与连动式、兼语式、紧缩句以及联合结构做谓语的句子在语序上有相似点。在语序上都表现为连续发生的动作或行为依次排列出现。尤其是连贯复句与连动式在结构上相似，很难区分；但是深入考察它们的形式表现，可以发现它们的不同点。我们有必要对它们进行比较与区分。我们首先从形式入手，描写这些句式的深层次结构表现，再从形式上将连贯复句与其他相似结构做比较，从而找出相同点与不同点。

4.1.2.1 与连动式、兼语式的区别

邢欣在《简述连动式的结构特点与分析》（1987）一文中从结构形式出发，分析了连动式的组合关系特征，并归纳出了

---

① 刘丹青.汉语及亲邻语言连动式的句法地位和显赫度[J].民族语文，2015（3）.

② 刘丹青.汉语的若干显赫范畴：语言库藏类型学视角[J].世界汉语教学，2012（3）.

五类组合关系^①。这五类组合关系反映了连动式的深层结构特征。邢欣教授还从深层结构角度对连动式与兼语式做了区分。她认为二者的不同点是连动式嵌入句紧挨着主体句主语N_1的后面，而兼语式嵌入句紧挨着主体句宾语N_2的后面。这是二者深层结构上的区别。下面我们举例说明。

（1）连动式深层结构表现^②：

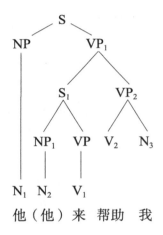

---

①　邢欣.简述连动式的结构特点及分析[J].新疆师范大学学报，1987（2）.

②　连动式存在多种结构组合关系，我们在这里只列举其中一种，目的是考察嵌入连动式的主语与主体句主语在深层结构中是否一致。

（2）兼语式深层结构表现：

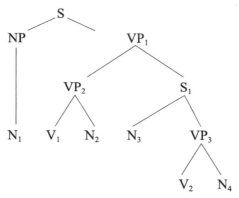

学校 请 王老师（王老师）当 教练

由以上树形图不难看出，连动式的N_2（"他"）是隐含成分，与N_1主体句的主语一致。由此可知V_1与V_2的主语是属于同一主语"他"。而由兼语式的深层结构表现可知，兼语式N_3（"王老师"）是隐含成分，与主体句中的宾语N_2（"王老师"）一致。由此可知V_1与V_2主语不相同，V_1（"请"）的宾语是N_2（"王老师"），N_2（"王老师"）又做了V_2（"当"）的主语。综上，连动式与兼语式的区别特征是：连动式是由同一主语发出的连续动作；兼语式是不同主语发出的动作。

连贯复句的特点是代表两个或两个以上的动作的分句连续相接，但是第二个分句通常省略主语，且V_1与V_2在时间上有先后关系。例如："我写完了作业，看了一会儿电视。"以上句子中的"写完了"发生的时间要早于"看了"，其深层结构与前二者不同，它是由两个平行关系的分句构成。两个分句同属于一个层次，即 S_1 与 S_2。其深层结构表现为：

我写完了作业　　（我）看了一会儿电视

需要说明的是，以上第二个分句省略了主语（"我"），是表层结构上的省略，省与不省都不影响句子结构。因此，两个分句之间在形式上有停顿，书面语采用逗号隔开。而前面分析了连动式的结构属于嵌入式，包含在全句的动词短语 VP_1 中，连动式作为嵌入句，其主语是隐含的，在形式上 V_1 与 V_2 不存在语音停顿。邢欣（1987）指出可以采用语音停顿来作为判断复句和连动式的标准。因此，语音是否停顿是连贯复句与连动式最大的区别。如果存在语音停顿，反映在书面上一般采用逗号标记隔开前后动词短语，那么就是连贯复句。如果不存在停顿，那么就是连动式。

4.1.2.2 与紧缩句的区别

一般认为紧缩句是在一般复句上去掉了关系标记，取消了分句间的停顿后就变成了紧缩复句，简称紧缩句。可以说紧缩句是对复句的紧缩，其深层结构与复句是相同的，只是形式上是单句。因此，邢福义（2001）认为紧缩句是指"承接性停顿"消失、分句凝合的复句异变形式。除此，他还从关系标记使用的角度探讨了紧缩句分为三种，即无关系标记紧缩句、有关系标记紧缩句和准关系标记紧缩句。总之，紧缩句是采用单句形式表达复句内容的一种特殊的句子形式（张斌，2008）。

　　紧缩句中有一部分和连动式不易区别。例如：他一看见我就跑了。这句话中，V_1 与 V_2 之间没有语音停顿，在深层结构上二者具有同一层次关系，并且是有标志的紧缩句。如图所示：

他一看见我　　（他）就跑了

　　紧缩句中的 V_1 与 V_2 同样存在多种关系，如因果关系、转折关系、条件关系、连贯关系、假设关系、让步关系等。因此对紧缩句进行成分划分得到的不是句法成分，而是相当于复句中的分句。紧缩句中常用成对、成套的副词来构成一些固定格式，如"不A不B""不A也B""越A越B""非A才B""一A就B"。例如：

（1）我不说不痛快。（假设关系）

（2）你不说我也明白。（让步关系）

（3）他越解释我越糊涂。（条件关系）

（4）他非做完作业才睡觉。（条件关系）

（5）老张一吃过饭就散步去了。（连贯关系）

（6）他一看就觉得不对劲。（连贯关系）

通过以上举例可知，紧缩句中的固定格式多是成对、成套使用的，中间没有语音停顿，结构上是一个整体。这些格式是紧缩句特有的，同时也是辨别紧缩句的一个标准。紧缩句中除了以上带有成对、成套的关联词语构成的固定格式以外，还有单用关联词语的紧缩句。通常单个使用的关联词语有"又""也""就""才""都"等。例如：

（7）想去又不敢说。（转折关系）

（8）他肯出面就好办。（假设/条件/递进关系）

（9）你找谁也没有用。（转折关系）

（10）有话你就说出来。（假设关系）

（11）有话哪里都可以说。（条件关系）

通过以上分析，我们可以归纳出复句、紧缩句与连动式之间的区别。

首先，复句与紧缩句的区别是是否有关联词语连接或是否存在语音停顿来辨别。一是有配对出现的关联词语，如"一A就B""越A越B""非A才B""不A不B""不A也B"或单用的关联词语，如"……就……""……也……""……都……"连接的句子属于紧缩句；二是紧缩句各部分之间没有语音停顿，形式上像单句。句中动词结构之间存在语音停顿的句子是复句。

其次，没有关联词语，而主语又相同的紧缩句与连动式之间可以通过扩展成复句的方法来辨别。例如：你爱听不听。我们补全词句为："如果你爱听，你就听；如果你不爱听，你就不听。"这其中省略了许多成分。而连动式进行扩展后，只能补出一些隐性成分——主语，不能添加其他成分，否则句式会产生变化，不再是原来的句式。

4.1.2.3 与联合结构做谓语句子的区别

联合结构做谓语的句子与连动式在结构形式上相似。联合结构是指两个动词短语构成的结构。由于两个动词短语中间没有停顿，结构上与连动式很相似。例如：小红唱歌跳舞。探讨其深层结构应该如图所示：

小红唱歌　（小红）跳舞

通过以上分析，发现主语也存在隐含情况。S_2 中的 V_2 的主语隐含了。因为 V_1 与 V_2 属于联合关系，处于同一平行层级。因此，V_1 与 V_2 互换位置也成立。如说成"小红跳舞唱歌"也成立。由于是联合关系，可以在 V_1 与 V_2 之间添加连词，如"小红唱歌又跳舞"。因此，联合结构的句子与连动式可以采用互换位置的方法进行区别。能换位、语义不变的是联合结构的句子，换位后语义改变或不成立都属于连动式。如"他微笑着说"不能说"他说微笑着"，"他吃完了饭放下碗"不能说"他放下碗吃完了饭"。

连贯复句与联合结构做谓语的句子比较好区分。采用语音停顿就可以区分连贯复句与联合结构做谓语的句子。前者各结构间存在语音停顿，属于复句范畴；而后者各结构之间不存在语音停顿，属于单句范畴。

4.1.2.4 与并列复句的区别

邢福义（2001）指出并列复句、连贯复句、递进复句及选择复句都属于并列类复句，属于一级复句类。其中，并列复句是指分句间由平等并举关系构成的复句。这类复句是具有合取性，是属于二级复句类。并列复句具有典型的关系标记，如"既……又……""又……又……""也……也……""一面……一面……"等等。一般情况下，我们比较容易区分连贯复句与并列复句。由于有些并列复句不采用关联标记来衔接，在不使用关联标记的情况下，区分并列复句却不容易。例如"他在晚会上唱了歌，跳了舞"，由上我们可以看出，并列复句与联合结构作谓语的句子在结构上有共同之处，但是前者是复句范畴，后者是单句范畴。

我们不妨采用互换位置的方式来进行辨别。如果前一分句的结构"唱了歌"和后一分句结构"跳了舞"能互换位置，那么该句是并列复句，因为不强调前后分句所代表的行为动作在时间上的先后关系，就是说不强调是先"唱歌"，还是先"跳舞"。如果强调先"唱歌"，后"跳了舞"，那么就不能换位。因为换位后干扰了分句中所表示的行为动作在时间上的先后关系，因此可以断定是连贯复句。

以上我们分析了连贯复句与其他在形式上相似的句式之间

的比较与区分。连贯复句与连动式、兼语式、紧缩句、联合结构作谓语以及并列复句等在形式上具有相似性，容易出现混淆。我们在前人研究的基础之上，对它们进行了区分与辨别。为后面章节内容的分析与探讨提供便利。

4.1.3 汉语连贯复句结构表现

连贯复句具有跨语言特征。从类型学上看，连贯复句具有两种表达形式，一种是分析式；另一种是综合式。汉语的连贯复句是通过两个小句前后顺承连接构成，多数不需要关联标记，就能表达分句间的连贯关系。两个小句在句法结构上是完整的，句法结构上都是独立的。因而整个连贯复句结构属于分析型。例如：

（12）他把钱放进上衣口袋后，神气地向前走去了。（CCL语料库）

（13）他先是用手指着地，又用脚踢着地，还不断地向另一个人使眼色。（CCL语料库）

（14）他在那里蹲了一会儿，才慢慢站了起来。（CCL语料库）

（15）苏妈刚跨进饭店的大门，就朝开票的女人叫喊起来了。（CCL语料库）

以上例句中，一个复句中至少包含两个或两个以上的分句。这些分句句法结构虽然不同，但句法结构都是独立的。例（12）的前一分句"他把钱放进上衣口袋后"是主谓结构，后一分句"神气地向前走去了"是状中结构；例（13）前一分句"他先是用手指着地"是主谓结构，第二分句"又用脚踢着地"是动宾结构，最后一分句"还不断地向另一个人使眼色"是状中结构；例（14）前一分句"他在那里蹲了一会儿"是主谓结构，后一分句"才慢慢站了起来"是状中结构；例（15）前一分句"苏妈刚跨进饭店的大门"是主谓结构，后一分句"就朝开票的女人叫喊起来了"是状中结构。

以上例句中的结构都是完整的，可见汉语连贯复句是由两个或两个以上独立的相对完整的结构构成的。因此，汉语连贯复句在类型学上采用分析式表达手段。同时分析式也是汉语连贯复句的类型学特征。

4.1.3.1 关联标记

形式与意义相结合的研究方法是语法研究所推崇的一个原则。形式与意义相互验证，相互支撑。依据对汉语连贯复句的外部形式的观察，发现关联标记是一个典型的形式。但在日常交际中，连贯复句的形式标记通常不出现，连贯关系完全靠前后分句的语序来确定。

汉语的连贯复句在外部形式上可以通过连贯标记来确定。连贯标记是连贯复句的显性关联标记。关联标记在汉语复句中具有标示分句关系的作用。邢福义（2001）认为"关系词语对复句关系具有显示、转化和强调作用"。在连贯复句中，关联标记一般都是由关联副词充当。关联标记并非必须，在连贯复句中有些使用，有些不使用。关联标记的运用突显、强调连贯复句中动作行为的连贯性与节奏性。一般出现在连贯复句中的关联标记不多，按照使用习惯与语义成分的多少，可以分为单用和配套使用。一般单用的关联标记有"……，又……""……，于是……""……，从而……""……，就……""……，接着……""……，然后……"等；通常配套使用的关联标记有"先是……，接着……（后来……）""一……，就……"等。"一……就"也经常使用在紧缩复句中，紧缩复句与连贯复句的区别与联系前文已做分析，这里不赘述。除此，以上关联标记还是跨复句大类的标记，在此我们不涉及其他类型复句，故不赘述。以上关联标记是关联复句中常出现的。例如：

（16）她站在那里等了一会儿，又提着旅行袋走回了传达室。（CCL语料库）

（17）李兰扶着两个孩子的肩膀站了起来，她长长地叹息了一声，然后提起了旅行袋，艰难地向前走。（余华《兄弟》）

（18）他一进家门，就把衣服扔在了沙发上。（CCL语料库）

（19）一阵敲门声，几个大汉推门进了屋。（梁晓声《年轮》）

（20）（有庆）先是分出了三堆，看了又看后，从另两堆里各拿出两颗放进自己这一堆，又看了一会儿，再从自己这堆拿出两颗放到另两堆里。（余华《活着》）

（21）（他）先是嘿嘿地笑，接着哈哈大笑，后来他捂着肚子蹲下去笑。（余华《兄弟》）

以上例句中均采用关联标记来连接，以突出分句所代表的动作行为的节奏性与连贯性。

4.1.3.2 语序表现

在人们日常交际中，关联复句的运用通常省略关联标记，完全通过语序手段来达到前后分句之间的衔接。语序手段十分重要，这些分句按照所叙述动作行为在时间上的一维性进行排列，分句间不能调换位置。李晋霞（2017）针对复句分类的形式特征问题进行考察，她认为复句分类的形式依据包括分句间位置的调换这一形式特征①。她还指出通常联合复句的下级复句中的并列、选择复句可调换分句位置，连贯、递进复句不能调换分句位置。根据她的分析，我们可以得出位置不可调换是连贯复句的形式特征。例如：

（22）徐克离开座位，跑到前边，双手捧起粉笔盒，又跑回座位，将粉笔盒放在他课桌上，双手护着。（梁晓声《年轮》）

（23）她抱着那个木桶走上去，抓出一把把蚕豆、瓜子和硬糖递给邻居。（CCL语料库）

（24）李光头低下了头，难过地掉下了眼泪。（余华《兄弟》）

（25）家珍没说话，跟着我走到门口。（余华《活着》）

（26）到站了，下车后，他们走进一家商场。（CCL语料库）

（27）医生点点头，在床边坐下，给他把脉。（CCL语料库）

以上例句中，连贯复句的分句所描述的动作行为是依据时间顺序顺次发生或出现的，如果调换了分句的位置，就会得到逻辑语义混乱的病句，使人们不知所云。因此，分句位置不可调换。

①　李晋霞、刘云：《论汉语复句分类的形式特征》，载《语文研究》2017年第3期。

关联标记作为连贯复句的显性标记，使用时可以给连贯复句增添叙事的节奏感，使叙述的动作行为呈现出更严谨的层次感。在日常交际中，采用连贯复句表达时连贯标记并非必需的，并且这种情形占大多数。即使没有连贯标记，连贯复句也能通过分句间顺承的语义关系完成分句的衔接。由此可见，语序是连贯复句的重要手段，分句的位置不可调换是汉语连贯复句的重要形式特征。

4.2 维吾尔语连贯复句

4.2.1 维吾尔语连贯复句界定

连贯复句在维吾尔语语法著作中被称为并列复合句（陈世明、廖泽余，1984）；连贯关系复句（陈世明、热扎克，1991）；连贯关系复合句（程适良，1996）；顺承关系复句（易坤琇，高士杰，1998）；承接复合句（杨承兴，2002）等。虽然对连贯复句的叫法不太统一，但是所指的实质内容是一致的，都是指各分句或一个接一个地说出连续发生事件，或后一分句顺着前一分句的意思说下去。因此，为了便于描述与说明，我们统一称为连贯复句。

4.2.2维吾尔语连贯复句形式表现

4.2.2.1连贯复句形式标记 —— $-^0p$

在维吾尔语中，连贯复句表达是由若干个$-^0p$副动词参与构成小句内嵌于主句中，形成一个包含式复句句型。$-^0p$副动词是高度发展的动词非人称形式之一，其肯定形式是在动词之后附加"$-p/-ip/-up/-yp$"等词尾形式，其否定形式是动词之后附加"$-maj/-m\varepsilon j$"词尾形式，在本文的研究中不涉及。

随着研究不断深入，涌现出与$-^0p$副动词相关的研究成果。这些成果对副动词的探讨与分析逐渐统一。大多数学者从副动词的构成、形式及功能等方面来进行探讨。他们认为在结构构成上，$-^0p$副动词可以与助动词连用构成助动词结构；在形式上，$-^0p$副动词是状态副动词中的肯定形式；在功能上，副动词是动词兼有副词功能的一种形式，用来表示动作行为所进行的方式或状态（易坤琇，高士杰，1983；陈世明，热扎克，1991；程适良，1996；杨承兴，2002）。

哈米提·铁木尔在《现代维吾尔语语法·形态学》（第一版，1987）中，将带$-^0p$词尾的副动词定义为"关联副动词"，并对其概念做了界定。认为关联副动词是"与一个动词连接，起连接作用"，并进一步指出"这种作用的副动词自身与被连接的动词具有五种关系"，即"从属关系""顺承关系""并列关系""肯–否关系""指定关系"等。其中"顺承关系"就是指$-^0p$副动词所表示的事件或动作先前发生，变化动词表示的事件或动作随后发生。除了具有与以上学者一致的看法外，杨承兴（2002）还指出副动词具有与变化动词在语法地位上平等并列的关系。他根据二者之间的语义联系，进一步探讨了副动词句中副动词与变化动词间存在的时间相继与分别陈述等两种语义关系。力提甫·托乎提（2012）认为："$-{}^0$p副词化语缀含有完成意义，它最典型的功能就是连接两个或两个以上动作。由$-{}^0$p副词化语缀构成的短语不能做句子的谓语，而只能做另一个动词的状语成分，不管该动词本身有什么变位形式"[①]。

由以上可知，$-{}^0$p副动词参与构成的复合句与汉语连贯复句关系密不可分，可以说存在对应关系。因此，汉语连贯复句在维吾尔语中的对应表达离不开$-{}^0$p副动词的参与。

4.2.2.2　$-{}^0$p副动词构成包含式连贯复句

维吾尔语中典型连贯复句则是通过$-{}^0$p副动词参与构成。$-{}^0$p语缀副动词是动词的非人称形式。在维吾尔语连贯复句中，$-{}^0$p副动词可以充当分句的谓语成分，但在句法上不能独立，只有最后一个分句的谓语动词上才附加完句成分。从整体上看，维吾尔语中的连贯复句是采取大句中套嵌一个非独立小句构成的。因此，维吾尔语连贯复句属于综合型。例如：

（28）Kino tygɛ-p, biz øj-gɛ qajt-tuq.（易坤琇、高士杰，1983第223页）

电影 结束–副动我们家–向格 返回–直陈一般过去时谓语人称复数1

[①]　力提甫·托乎提.维吾尔语参考语法[M].北京：中国社会科学出版社，2012：296.

电影结束，我们就回家了。

（29）tursun orni–din tur–up,jyzi–ni juj–up,tamiqi–ni jɛ–p,mɛktɛpkɛ maŋ–di.（力提甫·托乎提，2001第120页）

图尔荪 床–从格 站–副动 脸–宾格 洗–副动 饭–宾格 吃–副动 学校–向格 走–直陈一般过去时谓语人称单3

图尔荪起了床，洗了脸，吃了饭，去学校了。

（30）mɛn bygyn mɛktɛp–kɛ ber–ip, kitab–lar–ni qajt–ur–up, joldaʃ–lar bilɛn kør–yʃ–yp, andin qajt–ip kɛl–dim.（易坤琇、高士杰，1983第222页）

我 今天 学校–向格 去–副动 书–复数–宾格 返–使动–副动 同事–复数 和 见同动态–副动 然后 返回–副动 来–直陈一般过去时谓语人称单1

我今天去了学校，还了书，与同事见了面，然后就回来了。

通过以上例句，可以看出维吾尔语的连贯复句由 $-^0$p副动词参与构成。不管复句有几个分句，这些分句的谓语成分都由 $-^0$p副动词结构构成。最后一个分句的谓语动词则是通过缀加与主语一致关系的人称语缀来表达。由于 $-^0$p副动词是现代维吾尔语中高度发展的动词非人称形式中的一种，在句中充当谓语成分。由 $-^0$p副动词构成的结构不具有独立表述性。维吾尔语是遵守一致性原则的语言，一个完整句要求谓语动词后必须附加人称和时态标记。因此，由 $-^0$p副动词结构构成的分句在结构上不能独立。不难看出，以上维吾尔语例句在类型上相当于一个大句内嵌多个非独立小句构成的形式，属于内嵌式形式，在类型学上又被称为综合式表达手段。

4.2.2.3 "独立句+独立句"构成分析式连贯复句

维吾尔语中非典型连贯复句是指由两个或两个以上的独立句依据所指动作行为在时间上的先后关系排列构成的句子。$-^0$p 副动词构成的连贯复句同汉语连贯复句在形态类型学上存在对立，即前者属于包含式，后者属于分析式。而"独立句+独立句"形式的连贯复句在类型学上与汉语连贯复句不具有形态上的对立，二者形态类型上属于一致，都是分析式。例如：

（31）iʃik etʃ–il–di,ular kɛl–di.（杨承兴，2002）

门 打开–被动–直陈谓语过去时人称3 他们 来–直陈谓语过去时人称3

门开了，他们进来了。

（32）qoŋʁuraq tʃel–in–di, oquʁutʃi–lar sinip–qa kir–di, dɛrs baʃla–n–di.（程适良，1996第690页）

铃声 响–被动–直陈谓语过去时人称3 学生–复数 教室–向格 进–直陈谓语过去时人称3 课 开始–被动–直陈过去时人称3

上课铃响了，同学们走进教室，开始上课了。

以上复句中由于分句的谓语动词后附加了完句成分 —— 时与人称语缀。因此，各个分句都是独立成句，这类连贯复句依靠前后分句所叙述的动作行为在时间上的前后联系而连接起来。由于类型学上注重对不同语言中表相同语义范畴的不同形式进行探索，因此这类连贯复句与汉语连贯复句在语言类型学上不具有对立的典型性。

4.3汉维连贯复句比较分析

汉语的连贯复句的句型属于分析式的，分句由独立的结构构成，结构上互相不作对方的结构成分。维吾尔语典型的连贯复句依靠–⁰p副动词参与表达，由副词化成分构成的小句在结构上不独立，依附于主句，形成内嵌句。因此，维吾尔语连贯复句句型属于包含式。我们可以通过一些例句进行比较，例如：

（33）他早晨起了床，吃完早饭，去上班了。

u ɛtigɛn tur-up, ʧeji-ni iʃ-ip iʃ-qa bar-di.（力提甫·托乎提，2001第120页a）

他 早晨 起－副 动茶－宾格 喝－副动 事情－向格 去－谓语过去时人称3

（34）他进了教室，拿上书包，出去了。

u sinip-qa kir-ip, somki-si-ni el-ip ʧiq-ip kɛt-ti.（程适良，1996第417页）

他 教室－向格 进－副动 书包－从属－宾格 拿－副动 起来－副动 去－直陈谓语过去时人称3

（35）孩子把云雀抓回家，关进一个漂亮的笼子，撒上了食物，倒上了水。

bala torʁaj-ni øji-gɛ el-ip ber-ip, bir ʧirajliq qɛpɛz-gɛ

① 力提甫·托乎提：《从短语结构到最简方案：阿尔泰语言的句法结构》，北京：中央民族大学出版社，2004年，第120页。

sola–p dan ʧeʧ–ip su quj–up ber–iptu.（杨承兴，2002第141页）

孩子　云雀–宾格 家–向格 带回　一个 漂亮的　笼子–向格 关进–副动 食物 撒–副动 水 放–副动 给–间陈谓语一般过去时人称3

（36）公鸡叫了，天亮了，阳光洒满了窗户。

χoraz ʧilli–di, taŋ syz–yl–di, pɛnʤiri–lɛr–ni qizil nur qapli–di.

公鸡 叫–直陈谓语过去时人称3 天 变晴朗–反身–直陈谓语过去时人称3 窗户–复数–宾格 红色 阳光 洒–直陈谓语过去时人称3

通过以上例句，例（33）中充当分句的成分"起了床""吃完早饭""去上班"均是动宾结构。这些分句成分都是独立的，各自形成自己的"核"，结构上互相不干涉；例（34）中"进了教室""拿上书包""出去"等成分各自都有独立的核心；例（35）中"抓回家"和"关进一个漂亮的笼子"属于动补结构，"撒上了食物"和"倒上了水"属于动宾结构。这些充当分句的结构各自成为一个独立的结构中心。不难看出汉语连贯复句中的每个分句都是结构独立的成分，互相不作对方的结构，整个复句在句型上属于独立式。在例（33）、例（34）、例（35）中 "turup,ʧejini iʧip" "sinipqa kirip, somkisini elip" 和 "øjigɛ elip berip,bir ʧirajliq qɛpɛzgɛ solap dan ʧeʧip su qujup" 在结构上都不能独立，只能从属于各自的主句 "iʃqa bar" "ʧiqip kɛt–" 和 "ber–"。而维吾尔语连贯复句中由 –⁰p 副动词构成的小句成分在结构上不是独立的，需要依附于主句，形成内嵌句结构，因此，连贯复句句型属于包含式。

例（36）中连贯的事件如"公鸡叫了""天亮了""阳光洒满了窗户"结构上都是属于各自独立，可以单独表达。与之对应的维吾尔语"χoraz ʧillidi""taŋ syzyldi""pɛndʒirilɛrni qizil nur qaplidi"同样具有独立使用的语用功能。因此，维吾尔语中"独立句+独立句"形式的连贯复句结构上属于分析式。在我们所收集到的语料当中，维吾尔语连贯复句采用"独立句+独立句"形式表达的情况很少。

由以上可知，汉语连贯复句与维吾尔语中由$-^0$p副动词构成内嵌成分的连贯复句在结构表达上具有类型学的典型意义。汉语连贯复句属于分析型表达，而维吾尔语由$-^0$p副动词构成内嵌成分的连贯复句属于综合式表达。

正如上文分析，作为维吾尔语连贯复句中不典型的表达形式，"独立句+独立句"形式的连贯复句，在结构上每个分句都是完整句，所以语用层面上分句自然能独立成句。与由$-^0$p副动词构成的连贯复句相比，"独立句+独立句"在类型上不具有典型性。此类连贯复句不作为我们研究的重点，在此不赘述。

4.4 小结

在本章中，我们分别探讨了汉维连贯复句的内涵界定，并对于连贯复句在结构上具有相似结构做了区分。这些相似结构包括连动式、兼语式、紧缩句、联合结构作谓语的句子以及并列复句等。这章分别对汉维连贯复句的结构表现做了分析，发现汉语连贯复句结构表现：一是连贯标记；二是语序表现。维吾尔语连贯复句的结构表现：一是形式标记–^{0}p副动词，由–^{0}p副动词构成包含式结构；二是以"独立句＋独立句"分析式结构来表达。通过分析汉维连贯复句各自的结构特点，发现二者之间在类型学上表现出的最大不同点，就是汉语连贯复句结构表现为分析式，维吾尔语连贯复句结构既表现包含式，也表现出分析式。在类型学上，包含式是维吾尔语连贯复句的典型表达形式。

第五章　汉维连贯复句关联模式比较

篇章语言学（Text Linguistics）作为一门学科，是20世纪50年代发展起来的，直到70年代才引起人们的关注。韩里德与哈桑（1976）采用"衔接"与"连贯"两个术语来分析连贯话语。"衔接"指的是篇章外部形式的连接手段；"连贯"指的是篇章语义关系，他们进一步分析了篇章衔接手段，将此分为照应、省略、替代、连接词和词汇连接①。它被我国学者翻译成"篇章语言学"，黄国文（1988）指出篇章分析主要是指对更大的语言单位如片段、段落等进行分析②。徐赳赳（2014）认为"两个彼此有联系的小句已经属于篇章研究范围了"③。

篇章语言学研究的对象是大于两个小句的语言单位，属于一种超句法分析。连贯复句自然也被列入篇章分析的研究范围。连贯复句主要是依据分句之间的顺承、连贯的语义关系而确定的一种复句类型。研究句际语义关系及其形式表达手段是

---

① 胡壮麟.语篇的衔接与连贯[M].上海：上海外语教育出版社，1994：96–108.

② 黄国文.语篇分析概要[M].湖南：湖南教育出版社，1988：4.

③ 徐赳赳.现代汉语篇章语言学[M].北京：商务印书馆，2014：4.

话语语言学中的基本课题。汉语和维吾尔语属于不同类型的语言，两种语言系统内都存在连贯复句的表达。因此，我们由分句间的语义关系入手，以连贯语义关系为基础，寻求汉维连贯复句各自的句际衔接的表现形式。最后，通过比较得出二者在句际衔接手段方面的共同点与不同点。

在这一章里，我们立足于篇章语言学理论，分别对汉维连贯复句前后分句间的衔接方式进行分析探讨，并对它们进行对比分析，以期发现二者之间的共同点与不同点。需要说明的是，我们在对汉维连贯复句关联模式进行对比时，将维吾尔语连贯复句的两种形式都纳入我们的考察范围，一种是由 $-^0p$ 副动词构成的；一种是由"独立句+独立句"形式构成。

5.1汉维连贯复句衔接手段比较

5.1.1汉语连贯复句衔接手段

衔接依赖具体的关联手段而实现。衔接手段的功能主要有连接作用以及标明分句间关系的作用。经过对汉语连贯复句的考察，发现衔接模式可分为衔接标记手段和非衔接标记手段。衔接标记手段通常是指采用关联词语的单用或配套使用手段；非衔接标记手段是指除关联词语以外的语音、词汇与语法等关联手段。在本章我们主要探讨在连贯复句中衔接分句的关联标记手段、词汇及语法手段。下面我们进行考察与分析。

5.1.1.1 关联标记模式

关联标记是标示复句中分句之间关系的标记。关联标记可以把语义上存在某种关系的小句粘在一起，构成一个语义整体。邢福义（2001）指出假如说分句是复句里表明实义的构件，那么复句关联词语就是复句中标示关系的构件①。因此，关系标记不仅起关联作用，还起到标明分句之间语义的功能。这些关联标记通常有具体的形式。在汉语连贯复句中，关系标记主要由关联副词充当。

汉语语言学界针对副词的研究由来已久。由于副词本身的特点决定了它是介于功能词和内容词之间的复杂集合，既有实词的某些功能特点，又有虚词的某些功能特点。因此，在语法著作中对副词的分类与划分就不那么一致。丁声树（1961）分成五类，《马氏文通》中将副词分为六类，黎锦熙（1924）也分为六类，有的学者分为七类（吕叔湘，1944），有的学者分为八类（王力，1943；吕叔湘，1980），赵元任（1979）分为九类。在具有影响力的现代汉语教材中分为六类（胡裕树，1979；黄伯荣、廖序东，1991），北大中文系编写的《现代汉语》中也分为六类，邢福义（1991）分为七类，邵敬敏（2012）分为五类②。以上分类中各大家都涉及的是"程度副词""时间副词""范围副词""否定副词"，但是还有些次类的划分与名目都不尽相同。其中，邢福义（1991）针对副词的划分专门提

---

① 邢福义.汉语复句研究[M].北京：商务印书馆，2001：26.

② 张谊生.现代汉语副词研究[M].北京：商务印书馆，2014：16.

到过关联副词。

之所以称之为"关联副词"，是因为这类副词除了具有限定功能之外，还具有连接功能。在连贯复句中连接两个或两个以上的分句，并且可以表明分句之间的语义关系。这类副词不管是单独使用，还是合起来使用，都位于句中谓词性成分之前。常用的连贯标记如"先 …… 再 …… ""先 …… 后来 …… ""先 …… 又""先 …… 再 …… "等合用形式。也有单用形式如" …… 便 …… "" …… 就 …… "等。例如：

（1）你先看信，思考一下，咱们再谈。

（2）他连喝了两碗河水以后，放下碗，又把盐倒在手掌上，然后拍进嘴里。（余华《许三观卖血记》）

（3）她先开了柜子上的锁，拿出了衣服，又开了首饰匣子上的锁，取出了项链戴好。（CCL语料库）

（4）想到这里，接着便想对付的办法。（赵树理《三里湾》）

（5）领导听完他的汇报，便说了声"好!"

（6）先是打一阵雷，后来就下起了雨。

（7）她先是用手心擦去脸颊上的泪水，再用手指去擦眼角的泪水。（余华《许三观卖血记》）

在汉语连贯复句中，以上是最为常见的关系标记，这些采用关系标记来连贯分句的表达手段，一般被认为是显性手段。以上例句中出现的关联标记有的是单独使用，如"便""就"等。有的合起来使用，形成固定搭配，如"先 …… 再 …… ""先 …… 又""先是 …… 后来 …… "等；有的是临时组合，如"……又……然后",表明连续动作依次发生,"又"之前已经先有动作发生,继续采用"又……然后……"表延续顺次动作的发生。

5.1.1.2 语法关联模式

5.1.1.2.1 语序手段

汉语被认为是缺乏严格形态变化的分析型语言。相对其他语法手段,语序与虚词作为语法手段显得至关重要。因此,通过语序来表达语法关系是常用的手段之一。语序手段在连贯复句中是一种重要且普遍的手段。连贯复句中的分句之间存在着逻辑关系,这些逻辑关系表现在人们的活动中总是遵循一定的时间与空间顺序,以一定的方式开始、发展和结束,并且周而复始地进行。因此,在汉语连贯复句中,通过对分句的语序的排列就可以完成表达。所以,语序也是一种关联手段,相当于复句中的关联标记。例如:

(8)春天到了,树木开始发芽了。

(9)太阳升起来了,人们开始劳动了。

(10)办公室的门开了,门口出现了一位小姑娘。

(11)一个人将烟放在嘴上叼着,腾出手,很绅士地鼓起掌来。(梁晓声《年轮》)

(12)老人说着站了起来,拍拍屁股上的尘土,向池塘旁的老牛喊了一声。(余华《活着》)

(13)她掐灭了烟,站了起来,脱去上衣,扔在沙发上,走入洗脸室。(张爱玲《倾城之恋》)

(14)王小嵩匆匆走过大厅,踏下台阶,坐入一辆出租车。

（梁晓声《年轮》）

（15）小老板点完钱，揣入自己的西服内，举起了王小嵩喝剩下的半杯饮料："借花献佛了，为咱们战友之间初次合作的成功，我意思意思……"他一仰脖子，饮尽。（梁晓声《年轮》）

（16）徐克捡起钱，直起身，缓缓地将那张十元的票子撕成两半，将一半塞入对方的兜，另一半塞入自己的兜。（梁晓声《年轮》）

以上例句中，连贯复句不需要显性关系标记衔接，就可以表达完整的语义，这些就是通过语序手段进行关联的。通过以上例句可知，汉语连贯复句中有些是不需要借助关系标记也能表达分句之间的连贯语义关系的。复句中没有出现关系标记，而是采用语序的手段来凸显各分句所代表的事件的时间顺序关系。前后分句表达的事件或动作的发生的时间上有先后关系，假如我们调换一下分句之间的语序，可以得到：

（8'）树木开始发芽了，春天到了。

（9'）人们开始劳动了，太阳升起来了。

（10'）门口出现了一位小姑娘，办公室的门开了。

在以上三个例句中，第一个句子也能接受，但是分句之间已经不再是连贯关系。但第二、第三句不能被接受，因为逻辑关系被打乱了，说出来显得不符常理，感觉别扭。上述例（11）—例（16）的各分句所代表的动作行为间具有很强的时间顺序特征。如果调整了各分句的语序顺序，就会因违背时间顺序而不符常理，也就不能成立。在此不赘述。

因此，虽然汉语连贯复句不借助关系标记，也是一种衔接手段，相较于有关系标记的衔接手段，这属于隐性衔接手段。这种不采用关系标记的连接手段通常也被称为"意合"手段。连贯复句本身分句之间的语义顺承关系凸显了语序手段的重要性，因此，当然属于意合手段。

5.1.1.2.2照应手段

在连贯复句中，照应手段是指存在语义联系的分句之间前后关照，不仅在外部形式衔接上，也在分句内部语义连贯上都相互照应。通过前后照应，语义内容能够更加清晰明了。照应手段是连贯复句得以顺利衔接的手段之一。一般照应手段具体又可以分为人称照应、指示照应以及比较照应。

a.人称照应

语言中的代词是极为抽象和概括的词语。如人称"你""我""他"，指示代词"这里""那里"都不与客观事物发生直接联系，只起指示作用。通过指示，将与它存在语义关联的成分对应起来。因此，照应的成分是与客观事物发生关系的桥梁。照应现象一般都由先行词语和照应项组成。例如：

（17）他们爬起来再次扑上来时，宋凡平的左腿蹬了出去，蹬在一个人的肚子上，这个人嚎叫着倒地时也掀翻了他身后的两个人。（余华《兄弟》）

（18）刘桂兰上炕，还是不困。她东扯西唠，说明年一定要拴一挂小车，上山拉套，不用求人。（周立波《暴风骤雨》）

（19）冯云卿顿一下，猛吸了几口香烟，正想再往下说，那边何慎庵赶快阻止了他。（茅盾《子夜》）

b.指示照应

指示照应是指在上下分句中，采用指示词语与前分句中出现的先行词之间的一种照应手段，即通过指示词语与前一分句中的先行词发生语义关联。指示词语也不与客观事物发生直接联系，而是通过指示词语这一桥梁角色与客观事物发生间接关联。例如：

（20）汽车疾驶而过，卷起一阵风，那些传单就在马路上旋舞，忽然有一张飞得很高，居然扑到李玉亭怀里来了。（茅盾《子夜》）

（21）黄奋气咻咻地说着，用力拍他腋下的文书皮包，表示那"消息"就装在皮包里，再也不会错的。（茅盾《子夜》）

（22）他微笑着说话时，一只手握住自己的手腕，他的这个动作使许玉兰十分着迷。（余华《许三观卖血记》）

c.比较照应

比较照应一般是通过比较双方的相同与不同特征等来连接分句的。"相同特征"表现为相似性。例如：

（23）歌声不再断断续续，犹如河水一样流畅起来。（余华《第七天》）

（24）屋内装饰豪华的天花板上吊着金黄流苏的五彩宫灯，宫灯四周又有小彩灯相配，好似众星捧月一般。（CCL语料库）

（25）近代还有一些人不喜欢讲道德，他们一听到道德就好像孙悟空听见金箍咒一样，浑身不自在。（CCL语料库）

以上例句一般采用"犹如""好像""好似"等词来连接分

句，例（23）采用"犹如"来关联前后分句内容，通过"歌声不再断断续续"与"河水流畅起来"照应起来，从而比较双方所具备的性质特点上的相似性。例（24）中"金黄流苏的五彩宫灯"＋"宫灯四周又有小彩灯相配"像"众星捧月"，比较二者的相似性。例（25）采用"一些人不喜欢讲道德"，听到道德好像"孙悟空听见紧箍咒"，比较二者的相似性。

"不同"表现出差异性。例如：

（26）初中生已从无意注意占优势变为有意注意占优势，他们的有意注意比小学生稳定、持久，具有较大的目的性和选择性。（CCL语料库）

（27）学习汉语同学习其他语言相比，需要学习者花费更多的时间和精力。（CCL语料库）

例（26）中采用"比"来连接"初中生的有意注意"和"小学生的有意注意"，对二者进行比较，得出结论"初中生比小学生有意注意更稳定、持久，具有较大的目的性和选择性"。例（27）采用"相比"连接"学习汉语"与"学习其他语言"，对二者进行比较，得出结论"学习汉语的学习者比学习其他语言的学习者会花费更多时间与精力"。以上例句通过"比""相比"，比较得出差异或不同，这些都属于比较照应手段的运用。

5.1.1.2.3省略手段

在组织分句构成连贯复句的过程中，当前面分句中已知的信息再次出现时，人们通常会采取将之删除的操作方法。这样的操作是在信息准确有效传达的前提下进行的。这种省略手段也是连贯复句中分句间的关联手段之一。省略手段体现在连贯复句结构上，表现为采用功能相同且简明经济性的替代结构代替原来复杂的结构。省略的内容主要是分句的主语或宾语。这些省略成分都是前分句出现过的成分，在后一分句中再次出现就显得多余，因此后一分句中的主语或宾语可以省略。表已知信息的形式被叫作先行语，与后一分句中被删略的信息在语义上具有连续性，这种连续性是省略得以进行的保证，也是分句间语义上连贯的条件。例如：

（28）刘胜不困，Ø又细问他，Ø而且想再谈一会。（周立波《暴风骤雨》）

（29）他们曾经在屋子里翻箱倒柜地寻找，Ø没有大白兔奶糖的踪影；Ø爬到床底下寻找时将自己弄得满身灰尘，Ø将被子铺盖反过来寻找时又差点让自己喘不过气来，Ø还是没有大白兔奶糖的踪影。（余华《兄弟》）

（30）仆欧们领着他们沿着碎石小径走去，Ø进了昏黄的饭厅，Ø经过昏黄的穿堂，Ø往二层楼上走。（张爱玲《倾城之恋》）

（31）郭全海脸庞绯红，Ø没有吱声，Ø烟袋抽得吧哒吧哒响。（周立波《暴风骤雨》）

（32）流苏心跳得扑通扑通，Ø握住了耳机，Ø发了一会愣，Ø方才轻轻的把它放回原处。（张爱玲《倾城之恋》）

5.1.1.2.4替换手段

替换手段在分句关联模式中表现为意义相关词汇之间的替换。它是指在下一分句中出现的名词与上一分句中出现的内容相关或相同的名词之间的替代行为，因避免在表达上重复啰唆而改换了一种说法。替换内容一般涉及相关或相同事物或人物。例如：

（33）那里有一片高粱，在微风里摇动着红穗。（老舍《内蒙风光》）

（34）石竹，桔梗，还有许多说不上名儿的，都那么毫不矜持地开着各色的花，吐着各种香味，招来无数的凤蝶，闲散而又忙碌地飞来飞去。（老舍《内蒙风光》）

（35）终于杜竹斋的眼睛里耀着坚决的亮光，看看尚仲礼，又看看赵伯韬，三个人不约而同地大笑起来。（茅盾《子夜》）

以上例句中，例（33）中第二分句中的"红穗"替代前一分句的"高粱"；例（34）中的"各色的花""各种香味"替代前一分句中的"石竹，桔梗，还有许多说不上名儿的"。可以看出这些替代内容指向相同事物。又如例（35）中采用"三个人"来替代"杜竹斋""尚仲礼"和"赵伯韬"，这里涉及人物替代。对相同事物的描述在环环相扣的表达方式中得以展开。在连贯复句中，替代手段完成了前后分句的衔接与连贯。

5.1.1.3 词汇关联模式

韩礼德与哈桑在《英语的衔接》中将衔接分为五大类，即照应、省略、替代、连接词和词义连接等[①]。"词义连接"相当于"词汇重复"，它是句际之间进行衔接的手段之一。在一个连贯复句中，同一个或语义相关的词汇分别出现在前后分句

---

① Halliday,M.A.K.and Ruqaiya Hasan. *Cohesion in English*. London: Longman, 1976, p39–58.

中，分句间通过语义关系连接起来。因此重复手段也是从形式和语义上对复句进行连接的手段之一。经过考察，发现重复手段可以通过完全重复、部分重复等方式进行分句间的衔接活动，以此达到衔接前后分句的目的。根据重复手段中先行词与其后分句中出现词汇的外延角度考察，发现重复有完全重复和部分重复两种。

a.完全重复

完全重复是指出现在后一分句中的内容与前一分句中出现的先行词存在的重复现象。通过在下一分句中重复前一分句中的先行词内容，把它作为话题继续说下去而使得句子不断延续下去，因此完全重复属于连贯复句衔接手段中的一种。例如：

（36）道路从凉亭中间穿了过去，凉亭右边是石头台阶，一层一层地伸向了河里。（余华《许三观卖血记》）

（37）他们走到了一座木桥前，桥下是一条河流，河流向前延伸时一会宽，一会又变窄了。（余华《许三观卖血记》）

（38）他们三个人卖完血之后，就步履蹒跚地走向了医院的厕所，三个人都歪着嘴巴。（余华《许三观卖血记》）

（39）我的前面是雨雪，雨雪的前面是层层叠叠的高楼，高楼有着星星点点的黑暗窗户。（余华《第七天》）

b.部分重复

部分重复是指出现在后一分句中的内容与前一分句出现的先行词存在部分重复的现象。同样是为了使连贯复句能够得以继续下去，这种分句衔接方式跟完全替代有些差别。例如：

（40）四面都有小山，既无奇峰，也没有古寺，只是那么

静静地在青天下绣成一个翠环。环中间有一条河，河岸上这里多些，那里少些，随便地长着绿柳白杨。（老舍《内蒙风光》）

（41）河岸是绿的。绿色一直接上了远远的青山。这种绿使人在梦里也忘不了。

以上例句可以看出，前一分句的先行词与后一分句要重复的内容存在一些差别，不是完全相同，形式上有些改变或省略。如"翠环"在下一分句句首说成了"环"；"河"在后一分句中说成了"河岸"；"绿的"在下一分句中说成了"绿色"等。

5.1.2 维吾尔语连贯复句关联模式

Thompson（2007）考察了世界上众多语言后，从类型学角度指出最为典型的三种关联标记从句的模式：一是附属性语素；二是语序；三是特殊动词形式。在维吾尔语连贯复句的关联模式中存在多种关联模式：一是以关联副词和连词为标记的关联模式；二是以前一分句中的谓语动词后附加的"时"范畴手段、$-^0$p副动词手段及语序手段。

在维吾尔语中，连贯复句中也存在一些标明分句间关系的标记。通常充当这些标记的不仅包括由副词构成固定搭配格式，还有由连词"-dɛ"构成的格式。例如维吾尔语属于典型的黏着语，通过附加词尾方式来表达语法意义的手段较为常见。因此，除了以上关系副词和连词在复句中起衔接功能以外，还会通过时态的使用来完成连贯复句中分句的连接。

5.1.2.1关联标记模式

5.1.2.1.1关联副词

由副词构成固定搭配格式："avval … andin kejin"（首先……，然后……）、"…，andin kejin … "（……，然后……）、"…，arqidinla … "（……，接着……）等。例如：

（42）avval ʧaqmaq ʧeq-ip, andin kejin, jamʁur quj-uvɛt-ti.

首先 闪电 闪－副动 然后 后雨 倒－处置体－直陈谓语过去时人称3

先是一阵闪电，接着大雨如注。

（43）ʃɛrq joru-di, arqidinla asman-niŋ jerimi ʧoʁ-dɛk qizil ʃɛpɛq-qɛ pyrkɛn-di.

东方 亮－谓语过去时人称3 接着 天空－领属 半个 炭火－像似格 红色 霞光－向格 染－直陈谓语过去时人称3

东方已经放亮，接着又刷上了半天红霞。

（44）u avval qaʧi lar-ni jiʁ-di, andin jɛr-ni sypyr-di.

他 先　碗－复数宾格 收集－谓语过去时人称单3 然后地－宾格 扫－直陈谓语过去时人称单3

他先把碗收起来，然后扫地。

5.1.2.1.2连词

维吾尔语中连词只表现句法单位间的结构关系，不单独使用，也不和句法单位一起充当结构成分（陈世明、廖泽余，1985；杨承兴，2002）。连词数量不多，属于封闭的一类虚词。易坤琇、高士杰（1998）指出，连词"-dɛ"表示前一分句中的动作或事件一结束就发生后一分句中的动作或事件。杨承兴在《现代维吾尔语语法》（2002）一书中将"dɛ-"称为承接连词。他认为dɛ-连接按照时间顺序发生的同等成分或分句。连贯复句中dɛ-起关联承接分句的功能，因此，连词"dɛ-"是连贯复句的关联标记。例如：

（45）ɛtijaz kɛl-di-dɛ, øsymlyk-lɛr køkir-iʃ-kɛ baʃli-di.

春天 来-谓语过去时人称3-连词 植物-复数 发绿-动名-向格 开始-谓语过去时人称3

春天到了，植物开始发芽了。

（46）u dadi-si-ʁa bir alij-ival-di-dɛ, øj-din jygyr-yp ʧiq-ip kɛt-ti.

他爸爸-从属-向格 一 瞪-利己体-谓语过去时人称单3-连词家-从格 跑-副动 出-副动 去-谓语过去时人称单3

他瞪了父亲一眼，跑出了家。

（47）u orni-din tur-di-dɛ, kijim-lir i-ni kij-ip tala-ʁa ʧiq-ip kɛt-ti.

他 地上-从格站起-谓语过去时人称单3-连词 衣服-复数-宾格 外面-向格 出-副动 去-谓语过去时人称单3

他站起身来，穿上衣服出去了。

5.1.2.2 语法连贯模式

5.1.2.2.1 时标记

a. …… 直陈、间陈相对过去时，……

连贯复句中的关联标记不仅有关联词等显性标记参与，在维吾尔语中，还有"时"范畴标记也可以承接前后分句，完成连贯复句的表达。因此，维吾尔语连贯复句采用直陈或间陈相对过去时标记附加在前分句的谓语动词上，来衔接前后语义上表时间顺承或连贯的分句。例如：

（48）qujaʃ iʃ mɛjdan-i-ʁa ɛmdila øz nur-i-ni ʧɛʧ-ividi, u-ni jɛnɛ qara bulut tos-u-val-di.

太阳　工作　地－从属3－向格　刚从属3　自己光从属3－宾格照射－谓语直陈相对过去时人称3　它－宾格　又　黑　云　遮挡－利己体－直陈谓语过去时人称3

阳光刚刚照到工地上，乌云又把它遮住了。

（49）u kyʧi-niŋ beriʃɛ dʒozi-ʁa bir-ni ur-ʁanikɛn,hɛmmɛjlɛn dʒimdʒitla bolup keti-ptu.

他力气－领有格一下桌子－向格一个－宾格打－间陈谓语相对过去时人称3所有人安静助词－间陈谓语一般过去人称3

他狠狠地敲了一下桌子，所有的人都安静了下来。

b. …… 直陈过去时 +mu, boldi, ……

（50）qiʃ kɛl-di-mu,boldi,uni muz mɛjdani-din baʃqa jɛrdɛ kør-mɛ-jsɛn.

冬天　到－直陈谓语过去时人称3他 冰 场地－从格　其他地看－否定－直陈谓语现在时人称2

冬天一到，除了溜冰场哪儿也见不到他。

（51）pul qol-uŋ-ʁa øt-ti-mu,boldi,qɛrz almisaŋ-mu jerim jilliq øsymi-ni ber-isɛn.

钱　手－从属人称2－向格借－直陈谓语过去时人称3债 不拿 半年利息－宾格 给－直陈谓语现在时人称2

钱到手了，不借也得交半年利息。

5.1.2.2.2 –⁰p 副动词形式

维吾尔语属于主谓一致的语言，其基本语序为 SOV。–⁰p 副动词是现代维吾尔语中动词非人称形式，不具有人称与时范畴。在连贯复句中，–⁰p 副动词结构充当前一分句的谓语成分。具体表现为由 –⁰p 副动词结构构成的分句多个连续相接，最后一个分句的谓语动词必须具有人称与时标记，从而在结构上形成主句包含从句的表现形式。例如：

（52）muqimliq asasida ilgirileſ–tin ibarɛt xizmɛt omumij rohida ʧiŋ tur–up,qijinʧiliq–tin qorqmaj jol eʧip ilgiril–ɛp,islahat,eʧivetiʃ iʃliri–da vɛ sotsijalistik zamanivilaʃturuʃ quruluʃi–da tariχij muvɛppɛqijɛt–kɛ eriʃ–tuq.（《十九大政府工作报告》维吾尔文版）

总的 基本 规则–从格 依据 工作 全面 重要 紧抓–副动 困难–从格 不怕 路 开拓–副动 改革 开放 事业–位格 和 社会主义现代化 建设–位格 历史性 成就 取得–直陈谓语 过去时人称1复

我们坚持稳中求进工作总基调，迎难而上，开拓进取，取得了改革开放和社会主义现代化建设的历史性成就。

（53）mɛn bygyn mɛktɛp–kɛ ber–ip,vaqti toʃ–qan kitab–lar–ni qajtur–up,joldaʃlar bilɛn køryʃ–yp,andin qajt–ip kel–imɛn.

我 今天 学校–向格去–副动时间到–形动 书–复数–宾格 还–副动 同志 和 看–副动 然后返回–副动 来–直陈谓语现在时人称1

我今天要去学校，还要还到期的书，跟同志们见面，然后回来。

以上例（52）中，第一分句是由 $-^0$p 副动词结构 "χizmɛt omumij rohida ʧiŋ tur-up"（抓重要工作）充当，$-^0$p 副动词结构没有人称形式标记；第二个分句是由副动词结构 "qijinʧiliq-tin qorqmaj jol eʧip ilgiril-ɛp"（迎难而上）来充当，$-^0$p 副动词结构没有人称形式标记；第三个分句是由动词结构 "islahat,eʧivetiʃ iʃliri-da vɛ sotsijalistik zamanivilaʃturuʃ quruluʃi-da tariχij muvɛppɛqijɛt-kɛ eri-ʃ-tuq"（取得了改革开放和社会主义现代化建设的历史性成就）承担，并且在动词之后附加整个句子的人称与时标记，实现主谓一致关系。例（53）中由四个分句组成，前三个分句均由副动词结构充当，最后一个分句采用在动词结构之后附加表主谓一致的附加词尾来终结句子。以上例句副动词结构充当分句谓语成分，这些分句在语义上表达动词或事件依次发生，通过在动词之后附加形式标记 $-^0$p 词尾来作为连贯复句的关联标记手段。除此，由副动词结构构成的连贯复句的分句主语都是承前省略。省略手段使得分句间的语义关系更加连贯紧密。

5.1.2.2.3 语序手段

类型学角度来看，语序与虚词是缺少形态变化语言较为常用的语法手段，而在具有严格形态变化的语言中，语序手段也存在。语序手段作为其中一种语法手段被运用在语言表达中。由于形态发达的语言语法手段比较丰富，因此，语序手段就显得不那么凸显。维吾尔语作为典型的黏着语，形态变化较丰富，在语言表达中也存在语序手段。在连贯复句中，前后分句均由独立句结构充当，这些独立句在语义上存在前后相接连贯关系。因此从某种程度上说，语序手段在多个由独立句结构充当分句构成连贯复句的表达中显得很重要。例如：

（54）ʧaj qaj-ni-di, ana-m u-ni øj-gɛ ɛkir-di.（杨承兴，334）

茶开－被动－直陈谓语过去时人称3妈妈－从属人称1它－宾格屋子－向格带来－直陈谓语过去时人称3

水开了，母亲把它提进了屋子里。

（55）qar jaʁ-di,ɛtrap apaq bol-up kɛt-ti.

雪 下－直陈谓语过去时人称3周围 白 系动－副动 助动－直陈谓语过去时人称3

下雪了，周围变白了。

由以上可以看出，有些维吾尔语连贯复句不需要借助显性关系标记来衔接。它们采用两个或两个以上语调一致的独立句，通过前后语义连贯衔接而成。此种表达采取了语序手段，不能调换分句的前后位置。如果调换了分句的前后位置，那么由独立句构成的分句在语义及逻辑关系上就显得十分不自然，与人们思维与表达习惯不符。

5.1.2.2.4 照应手段

照应手段也存在于维吾尔语连贯复句中，依靠照应手段进行复句衔接的方式，一般出现在由独立句结构充当分句的这类连贯复句中。经过考察，发现照应手段分为两种，即人称照应和指示照应。

a.人称照应

（56）milliti-miz ɛzɛldin bir χil dʒapa-muʃɛqqɛt-kɛ tʃidap kyrɛʃ qiliʃ istili-ʁa igɛ,biz bu istil-ni dʒari – qil-dur-uʃ-imiz lazim.（毛泽东《关于正确处理人民内部矛盾的问题》）

民族－领属人称1历来一种 艰苦奋斗－向格 忍耐力气 作风－向格具有 我们 它 作风 发扬助动－使动－集合－从属人称复1需要

我们民族历来有一种艰苦奋斗的作风，我们要把它发扬起来。

（57）dʒuŋgo hazir tɛχi nahajiti kɛmbɛʁɛl,u-ni baj qiliʃ ytʃyn birnɛtʃʃɛ on jil vaqit kerɛk.（毛泽东《关于正确处理人民内部矛盾的问题》）

中国 现在 还很 贫穷 她－宾格　富裕　为 几十年　时间 需要

中国现在还很穷，为使她富起来，需要几十年时间。

b.指示照应

（58）bir qija taʃliq-niŋ ari-si-din sirʁip tʃiqivatqan azʁina su-ni kør-yp qal-dim, u jɛrdɛ hetʃqandaq ot-tʃøp joq ikɛn.（文学作品）

一个　石头－领属 中间－从属－从格出来的小的水－宾格 看见 助动－直陈谓语一般过去时人称1那地方什么草 没有

我看见从岩壁中间流出来的细细的水，那个地方什么草也不长。

（59）tɛjvɛn vɛtinimiz-niŋ qojni-ʁa qajt-ip kel-idu,bu elimiz

hɛr millɛt χɛlqi-niŋ arzu-si.（毛泽东《关于正确处理人民内部矛盾的问题》）

台湾 我们祖国－领属 怀抱－向格 返回－副动 来－直陈谓语现在时人称3 这 每个民族人民－属格 心愿－从属

台湾会回到祖国的怀抱，这是全国各族人民的心愿。

（60）maŋa ʃen χoʤajin-niŋ jyrik-i køryn-gɛn-dɛk bol-di,bu jyrɛk qipqizil i-di.

我沈老板－领属心－从属 看见－形动－像似格 助动－谓语直陈现在时人称3 这 心 红形形 系动－直陈谓语过去时人称3

我像是见到了沈老板的一颗心，这心是红形形的。

以上例（58）的前一分句中 "bir qija taʃliq-niŋ ari-si"（岩壁中间）与后一分句中 "u"（那）属于指示照应。例（59）的前一分句 "tɛjvɛn vɛtinimiz-niŋ qojni-ʁa qajt-ip kel-idu"（台湾会回到祖国的怀抱）与后一分句中 "bu"（这）属于指示照应。例（60）的前一分句 "ʃen χoʤajin-niŋ jyrik-i"（沈老板的心）与后一分句中 "bu"（这）属于指示照应。以上例句都采用了指示照应手段，后一分句中的指示词语回指前一分句中的某一内容，通过指示照应手段进行前后分句衔接。

5.1.2.2.5省略手段

在维吾尔语连贯复句中，省略手段一般指省略句中的已知信息，通常已知信息是分句中的主语或宾语。由于维吾尔语是具有一致性原则的语言，省略的主语同样可以通过谓语动词之后的附加一致性词尾还原。省略主语可以使分句的动作行为更加连续，同时省略主语是满足语言经济性原则的体现。例如：

（61）bala χuʃal bol-up,Ø hɛr bir tal ʤigdigɛ bir eɲiʃ-ip,Ø terip jɛp meɲi-ptu.

孩子 高兴 系动－副动 每一颗 沙枣 一次 弯腰－副动 吃 捡－副动 走－间陈谓语过去时人称3

孩子很高兴，走到每一颗沙枣前都弯一次腰捡起来。

（62）padiʧi u-ni qoj qotini-ʁa sola-p, Ø qotan-niŋ sirti-da køzit-ip tur-uptu.

牧羊人它－宾格 羊圈－向格 关进－副动 羊圈－属格 外面－位格 看守－副动 助动－间陈谓语过去时人称3

牧羊人把它关进羊圈，在外面守着。

例（61）中各分句所代表的动作行为的施事者是同一人，即"bala"（孩子）。不难看出，除了第一个分句以外，后续分句均省略了主语"bala"（孩子）。例（62）中两个分句所代表的动作行为的发出者是同一个人，即"padiʧi"（牧羊人）。不难看出，第二个分句省略了主语"padiʧi"（牧羊人）。经过对语料进行分析，发现在维吾尔语连贯复句中，省略分句主语的现象是普遍的。

5.1.2.3 词汇关联模式

词汇关联模式的具体表现是词汇重复。在维吾尔语的连贯复句中，有些在前一分句中出现的词语，会在后一分句中重复提到，重复出现时，有些在形式上是完全重复，有些是部分重复。部分重复是词语后面的附加成分的不同造成的。这些附加成分通常是构形语缀，是为了在句中连接其他语言成分而附加的。

5.1.2.3.1 部分重复

（63）u aχir bir øŋkyr-ni bajqa-p,alaqzadilik itʃidɛ øŋkyr-gɛ øzini etiptu.

他 最后 一个 山洞－宾格 发现－副动 慌忙 山洞－向格 自己 投－间陈谓语过去时人称3

他总算发现了一个山洞，慌忙钻进山洞去。

以上例（63）中，前后分句中都出现了"øŋkyr"（山洞），但是前一分句中在"øŋkyr"后附加了宾格语缀"-ni"，后一分句中在"øŋkyr"之后附加了向格语缀"-gɛ"语缀，格位的附加是为了连接名词与动词之间的关系。由于前后分句中出现的名词"øŋkyr"附加语缀不同，因此，我们将这看作词汇部分重复关联模式。

5.1.2.3.2 完全重复

（64）bir køl-dɛ uzun zamanlarʁitʃɛ nurʁun paqilar jaʃa-p, ʃu køl-dɛ køpij-ip, ʃu køl-dɛ aχʃam-liri nɛʁmɛnava qil-ip, usul ojnap øtkɛni-kɛn.

这个 湖－位格 长 时间 许多 青蛙 生活－副动 这个 湖－位格 繁衍－副动 这个 湖－位格 夜晚－复数 音乐弹唱 助动－副动 跳舞 生活－形动

这个湖里生活着许多青蛙，他们在这个湖里繁衍，在这个湖里每晚跳舞弹唱。

例（64）中在前后分句中都出现了"køl-dɛ"，在名词"køl"后附加了时位格语缀"-dɛ"构成"køl-dɛ"（在湖里），在句子中做状语成分。由于前后分句中出现的名词"køl"以及词后附加成分也相同，因此我们将此称作词汇完全重复关联模式。

5.1.3汉维连贯复句衔接手段异同

5.1.3.1汉维连贯复句衔接手段相同点

经过以上分析，可以发现汉语与维吾尔语连贯复句的衔接手段主要存在以下相同点：一是都采用关联副词标记分句关系；二是通过语序手段进行关联；三是语法关联模式基本一致，都存在语法衔接手段、词汇衔接手段及关联标记手段等。

5.1.3.1.1关联副词来凸显分句关系

汉维连贯复句都采用关联副词来标记分句关系。这类关联标记一般用副词、连词等充任。可以单独使用，也可以配套使用，形成某些固定格式。汉语中关联标记除了由关联副词担任以外，还有个别连词参与。因为副词与连词之间的界限本身就不那么清晰。维吾尔语中同样除了副词参与关联标记的表达以外，唯一一个连词"dɛ-"可以承担连贯复句的分句之间的连接。dɛ-通常在两个独立句构成的连贯复句里，紧随第一个独立句句末谓语动词之后出现。

5.1.3.1.2语序手段关联最基本

汉维连贯复句都离不开语序语法手段的参与。无论有没有显性关联标记参与表达，语序手段都显得至关重要。连贯复句本身就是前后分句在语义上存在动作连贯、时间顺承等关系。

因此，分句在语序作用下就能够凸显连贯关系。

5.1.3.1.3 多种关联手段并用

汉维关联复句的关联模式主要包括照应手段（人称照应、指示照应等）、省略手段等。这些连贯手段是汉维连贯复句中的较为典型的关联手段，并且有时连贯复句中不仅需要一种关联手段，还需要多种关联手段共同完成连贯复句的表达。例如：

（65）李光头说着把宋钢从椅子里拉了起来，又把宋钢推到了门外。（余华《兄弟》）

以上例句采用了单用关联副词"……又……"来关联前后分句，属于关联标记模式。除此，前后分句所代表的动作行为是按照时间顺序发展进行的，该关联模式属于语序手段，在此例句中语序手段在关联模式中同样起作用。另外，后一分句中照应前一分句中的"李光头"，这点又属于照应手段。因此，在众多典型的关联模式中，复句关联不仅会使用其中的一种手段，而且通常会采用两种或两种以上的关联手段相互配合来表达。

在维吾尔语连贯复句中，同样也具有多种关联模式配合使用的特点。例如：

（66）bu aka–uka ikkijlɛnniŋ ʧiraj–turqi køp pɛrqlɛnmɛjtti, ikkilisi jezilardiki qaval,keliʃkɛn dehqan ɛzimɛtlɛrdin idi.（杨承兴，2002）

这哥俩模样差不多，都属于农村里那种英俊秀气的庄稼汉。

以上例句中，前一分句中的"bu aka-uka"（这兄弟俩）与后一分句中的"ikkilisi"（他们两人）属于指示照应，因此该句的关联模式中包含照应手段。另外，前后分句间存在语义顺承关系。如果调换前后分句位置，语义逻辑混乱，会使人感觉不自然，甚至不能理解。因此，该句的关联模式中自然包含语序手段，并且语序手段在关联模式中起着十分重要的作用。

综上，我们所列举的关联模式中的各种手段，无论是关联标记手段、词汇关联手段还是语法关联手段，都是作为典型的手段进行的描写与分析。在连贯复句的关联模式当中，不只使用这些手段中的一种。一般情况下，都是将两种或多种手段联合使用，而不拘泥于某一种手段来进行表达。除此之外，由前面章节内容的分析来看，语序手段在连贯复句中是最基础的关联模式。不管使用了几种关联手段，都离不开语序手段的参与。

5.1.3.2汉维连贯复句关联模式不同点

5.1.3.2.1维语连贯复句关联模式较丰富

与汉语相比，维吾尔语连贯复句关联模式较丰富。汉语通常以语序手段来衔接复句或是进一步增添关联标记来凸显分句间的连贯关系，而维吾尔语连贯复句不仅可以采用语序手段进行分句关联，还可以通过副动词结构衔接前后分句，表达两个分句的连贯语义。除此之外，维吾尔语连贯复句还可以通过在前一分句谓语动词后附加的"时"语义范畴来衔接后一分句，从而表达连贯关系。由此，可以看出汉语连贯复句的关联模式较单一，而维吾尔语连贯复句的关联模式较丰富。

5.1.3.2.2 维吾尔语采用"式""时"形式标记衔接

汉语依靠意合完成词与词、词组与词组、句与句之间的组合。在连贯复句表达中可能会使用助词"着""了""过"等来表"时"，但不具有系统性，也不具有如维吾尔语中表"时"范畴的附加语缀作为手段衔接语句。在维吾尔语中，动词具有语态、式、时、人称与数的范畴并且具有丰富的附加形式表达"时"范畴。通过这些"时"范畴语缀的运用，构成固定搭配，从而表达分句间的语义连贯关系。需要说明的是，在采用式、时标记关联手段表达时一般会出现在"独立句+独立句"形式的连贯复句中。前文已有相关论述，例如：

（67）uʧqun-lar-din biri yʧ jaʃliq bali-niŋ put-i-ʁa kelip ʧyʃi-vi-di,u vajdʒan dɛp jiʁli-vɛ-tti.

有个火星灭在三岁孩子的脚上，他"哎呀"一声哭了起来。

以上例句第一分句的谓语成分"ʧyʃ-ividi"（落下）是动词"ʧyʃ-"后附加了"-ividi"直陈过去时第三人称语缀构成的。第二分句的谓语成分是由动词"jiʁla-"（哭）后附加了"-vɛtti"直陈过去时第三人称语缀构成的。前后分句通过在谓语动词后附加"时"标记来使前后分句具有一致的"时"范畴，在一致"时"范畴下，前后分句在顺承语义关系中完成连贯复句的表达。

5.2汉维连贯复句关联标记比较

关联词语是分句连接的重要手段。同时也是构成复句和句群的重要构件单位。复句、句群甚至是篇章的句法、语义分析都离不开关联词语。关联词语作为复句的关联标记，在复句中能够标明分句间的语义关系。其句法功能是关联分句、构成复句句式的一种连接性成分。因此，研究复句离不开对关联词语的探讨。汉维连贯复句关联标记的位置各有特点。在探究关联标记位置时，发现关联标记不仅可以单用，还可以配套使用。这些特点在汉维连贯复句中都有表现。下面我们对汉维连贯复句关联标记的位置及使用方面进行探讨与分析。

5.2.1汉维连贯复句关联标记位置

汉语连贯复句中的配套关联词语一般在"……然后……""……接着……""……这才……"等相关句式基础之上构成。如"首先/先"与前二者构成配套关联词语"首先……然后……""首先……接着……"；"又"与"……然后……"构成"……又……然后"等。除此，邢福义（1983）认为还有多关系词语"才""就""又""从而/而""于是""一……就……"等也在具体语境之下承担连贯复句的关联角色。因此，汉语连贯复句的关联词语除了单用以外，还可以配套使用。有些关联词语是连贯复句衔接的典型关联标记，如"首先 …… 然后 …… ""首先 …… 接着 …… "等。而有些则是多关系词语连贯复句的非典型关联标记，如"从而""而""于是"等。

5.2.1.1 汉语连贯复句关联标记位置

5.2.1.1.1 单用于后一分句句首

关联标记单用时，通常位于后一分句句首。一般只出现在后一分句句首的关联标记词语有"又""便""就""才""从而""于是"等。例如：

（68）冷元们从铁锁家里回去吃了饭，又聚到修福老汉家里去谈组织起来的事。（赵树理《李家庄的变迁》）

（69）他们又决定就在当天午饭以后，再开一个群众大会。（赵树理《李家庄的变迁》）

（70）曾沧海猛叫一声，便觉得眼前昏黑，腿发软，心里却像火烧。（茅盾《子夜》）

（71）霓喜看看肩上的孩子已是盹着了，便放轻了脚步把玉铭引到玻璃门外的台阶上。（张爱玲《连环套》）

（72）她换好了礼服，化好了精致的妆容，就出门了。

（73）他停好了自行车，才忽然记起这个功夫到朋友家串门，实在是来讨饭的。

（74）从团结的愿望出发，经过批评或者斗争使矛盾得到解决，从而在新的基础上达到新的团结。（毛泽东《关于正确处理人民内部矛盾的问题》）

（75）过了那林，船便弯进了叉港，于是赵庄便真在眼前了。（鲁迅《社戏》）

由以上例句不难看出，这些关联词语都是具有承接前一分句动作的连接词。这些连接词的使用，表明前面的动作或事件发生之后，再接着发生或出现的事件或动作。因此，此类关联词语位于后一分句的句首是符合连贯复句语义要求的。

5.2.1.2 维语连贯复句连贯标记位置

维吾尔语中关联标记一般由副词或连词充当，不是所有副词都能够承担关联词语。副词充当关联词语衔接复句时一般是指时间副词。承担关联分句功能的连词一般是指承接连词dε-，通常位于分句谓语动词之后，起衔接后一分句的功能。这些关联词语或单独使用，或搭配使用，用来衔接连贯复句。经过考察，发现维吾尔语连贯复句的关联词语标记有以下几种情况。

5.2.1.2.1 单用于后一分句句首

（76）u søzli-di,andin mεn-mu søzli-dim.

他 说－直陈谓语一般现在时人称单3 然后 我－语气 说－直陈谓语一般现在时人称单1

他说了，我们也说了。

（77）ʧaqmaq ʧeqil-di,arqidinla ʧelεk-tε qujʁan-dεk jamʁur jeʁiʃ-qa baʃli-di.

闪电 出来－直陈谓语一般现在时人称3 接着 盆 倒－像似格 雨 落－向格 开始－直陈谓语一般现在时人称3

闪电过后，接着大雨倾盆。

5.2.1.2.2 单用于分句句末

（78）tujuqsizla iʃχani-niŋ iʃik-i asta eʧil-di-dε,bosuʁi-da

bir qiz køryn–di.

突然 办公室–领属 门–从属 慢慢 开–谓语一般现在时
人称3–连词 门口–位格一个女孩看–直陈谓语一般现在时人
称3

办公室的门慢慢打开了，看见门口有一个女孩。

（79）u orni–din tur–di–dɛ,kijim–liri–ni kij–ip tala–ʁa ʧiq–ip
kɛt–ti.

他 地–从格 站–直陈谓语过去时人称3–连词 衣服–复
数–宾格穿–副动外面–副动 出–副动去–直陈谓语过去时人
称3

他站起身来，穿上衣服出去了。

5.2.2汉维连贯复句关联标记配套使用特点

5.2.2.1汉语连贯复句关联标记配套使用特点
5.2.2.1.1配套使用于分句句首或动词前

配套使用的关联词语可以使说话人的叙述具有步骤性和节
奏性。例如：

（80）老赵先画一个人，接着画一面旗，最后画了一匹马。
（CCL语料库）

（81）先了解我们的主张，然后每个人自愿地找上介绍人
填上志愿书，才能算我们的会员。（赵树理《李家庄的变迁》）

（82）自己找两个会员来介绍，再经过当地的分会组织委
员准许，然后填了志愿书。（赵树理《李家庄的变迁》）

（83）她首先在声音上把他们压下去，然后再在价格上把他们压下去。（余华《许三观卖血记》）

（84）许玉兰站在何小勇敞开的门前，双手拍拍自己的衣服，又用手指梳理了自己的头发，然后她亮起自己的嗓子对周围的人诉说了起来。（余华《许三观卖血记》）

5.2.2.1.2 配套出现且部分关联词语重复

关联词语的配套或重复使用现象说明了这些配套的关联词语的搭配使用具有灵活性，可以根据说话人划分步骤的需要决定关联词语的搭配。但对这些关联词语的灵活性使用是建立在满足动作或事件连续、连贯发生的要求上的。例如：

（85）小花又挨到林小姐脚边，昂起了头，眯细着眼睛看着林大娘，又看看林小姐；然后它懒懒地靠到林小姐的脚背上。（茅盾《林家铺子》）

（86）吴荪甫故意在书桌上的文件堆里抽出一件来低头看着，又拿一枝笔在手指上旋弄，让自己的脸色平静下去，又用了很大的力量把自己的心神镇定了，然后抬头对屠维岳摆一摆手，叫他坐下。（茅盾《子夜》）

（87）林先生摇头，眼泪扑簌簌地直淌；他看看林大娘，又看看林小姐，又叹一口气。（茅盾《林家铺子》）

以上例句中的重复搭配"又……又……"在叙述前后发生的动作或事件，最后再搭配"然后"叙述最后一个动作或事件。因此，通过关联词语将动作或事件划分成几个步骤，凸显了动作或事件的先后连贯与承接。

5.2.2.2维语连贯复句关联标记配套使用特点

5.2.2.2.1配套出现，且位于分句句首

关联词语标记配套使用，一般由副词构成，如"avval……kejin"（首先……以后……）、"aldi bilɛn……andin/uniŋdin kejin"（先是……再/然后……）等。例如：

（88）avval adil naχʃa ejit–ti, andin mɛmɛt, gyli ikki–si usul ojni–di, kejin mɛn hekajɛ ejt–tim.

首先 阿迪力 歌 唱–谓语一般现在时人称单3接着 麦麦提 古丽两个–从属舞蹈 跳–直陈谓语一般现在时人称复3 后来 我 故事 说–直陈谓语一般现在时人称单1

首先阿迪力唱了歌，接着麦麦提和古丽两人跳了舞，后来我讲了故事。

（89）aldi bilɛn hødʒdʒɛt–ni kør–dym, andin kejin muzakirɛ qil–duq.

先 资料–宾格 看–直陈谓语一般过去时人称单1 然后 讨论 助动–直陈谓语一般现在时人称复1

我先看资料，然后咱们再讨论。

以上例句中的关联词语都位于各分句句首，并且都是搭配分句共同出现，突出分句所表达事件在时间上的顺承性。

5.2.3汉维连贯复句关联标记异同

5.2.3.1汉维连贯复句关联标记相同点

经过以上分析，发现汉维连贯复句关联标记存在以下共

同点：

首先，汉维连贯复句中的关联标记一般都由表时间的副词和连词构成。

其次，有些关联标记单独使用，有些关联标记配套使用。

最后，关联标记都分布在分句句首或分句动词之前，显示动作相互连贯，重点突出动作与动作之间相互承接。就关联标记位置而言，汉维连贯复句中的关联词语都位于分句动词之前。

5.2.3.2 汉维连贯复句关联标记不同点

汉维连贯复句关联标记有以下不同点：

首先，相比较而言，汉语连贯复句中的关联词语数量较多，而维吾尔语连贯复句中的关联词语数量较为单一。

其次，就位置而言，汉语的关联词语不出现在句末，一般出现在句首，也有不出现在句首而出现在分句动词之前的。而维吾尔语中有些黏着的关联词语出现在分句句末。这与维吾尔语的黏着语特征相吻合。黏着定位的连词，如 dɛ– 只能通过附加在分句动词之后来完成分句的形式衔接与语义连贯。

最后，汉语连贯复句中的关联词语有些可以在配套使用时重复出现，如"又……又……""又……又……然后……"等，而在维吾尔语连贯复句中的关联词语没有这样的情况。由于我们所研究的对象是书面语，目前没有发现如汉语关联词语的上述用法。

5.3小结

在这一章中，我们分别考察了汉维连贯复句的分句间的衔接方式，从语法手段、词汇手段及关联标记手段方面分别对汉维连贯复句进行了分析，进而将二者进行了比较。发现汉维连贯复句在衔接手段上都采用语法手段、词汇手段及关联标记手段等，并且这些手段都是较为典型的句际衔接手段。一般情况下，一个连贯复句会采用不止上述一种衔接手段来关联分句，这种情况在两种语言中都存在。除此之外，我们还发现由于维吾尔语拥有黏着语的特征，因此除了上述衔接手段以外，还以"式""时"语缀标记来完成句际衔接作用。这一点是汉维连贯复句衔接手段的最大不同点。接着，我们又对汉维连贯复句的关联标记位置的异同特点进行了分析，发现关联标记一般都位于汉维连贯复句分句的动词之前。不同之处在于汉语连贯复句关联标记较维语丰富，汉语连贯复句的关联标记不出现在句末；而维吾尔语中的关联标记有些出现在句末，如黏着定位连词"–dɛ"。此外，汉语关联标记在连贯复句中可以根据复句内容的延伸而重复出现。

第六章 政论体连贯复句在维吾尔语中的对应表达

《十九大报告》《二十大报告》属于政论文文体。政论文是针对社会生活中的政治问题进行评述和论证的一种文体①。冯庆华（2002）指出，围绕社会的政治、经济、文化等问题展开的语篇属于政论文②。政论文不仅在语言结构上，还在语言风格上都具有独特的特征。《十九大报告》《二十大报告》在会议期间被翻译成七种少数民族语言文字，为中央及地方媒体使用少数民族语言文字报道大会盛况提供了坚强的保障。其中，维吾尔语就是被翻译成七种少数民族语言中的一种。在汉维版的《十九大报告》《二十大报告》中，连贯复句表达各自的特点值得我们研究。

本章选取《十九大报告》《二十大报告》作为语料，研究其中连贯复句在维吾尔语中的对应表达，目的是把研究成果应用于教学、服务于教学。一方面能对少数民族学生学习国家通

---

① 刘宓庆.文体与翻译[M].北京：中国对外翻译出版公司，2007：109.

② 冯庆华.文体翻译论[M].上海：上海外语教育出版社，2002：254.

用语言，提高国家通用语言的语言表达能力有所帮助；另一方面能提高学习维吾尔语的学生维吾尔语的连贯表达能力。同时，以《十九大报告》《二十大报告》为研究对象，及时传达党中央的精神，让更多边疆民众了解党与中央政府为百姓所做的实事，知晓发展带来的巨大变化。此外，加强边疆少数民族对党中央、国家政策法规的认识与学习，在加强边疆少数民族对祖国的认同、对中华民族的认同、对中华文化的认同、对中国共产党的认同以及对中国特色社会主义的认同等方面，都具有现实意义。因此，有必要对党中央发布的汉维《十九大报告》《二十大报告》中的连贯复句进行分析与探讨。

《十九大报告》全文共计167个段落，604个句子。其中，604个句子中包括601个以句号结尾的句子和3个以感叹号结尾的感叹句；而维吾尔语译文中共计539个句子，其中包括536个以句号结尾的句子和3个以感叹号结尾的感叹句。需要说明的是，原文中"同志们！"共出现16次，通常这个结构被看作插入语成分（独立成分），不作整句对待，没有计入汉语原文总句数量中。同样，与之对应的维吾尔语译文中"joldaʃlar"（同志们）也没有列入维吾尔语句子总数中。《二十大报告》全文共计544个句子。其中，544个句子中包括539个句子和5个插入语成分"同志们！"。5个插入成分不作整句计算在内，因此，汉维对译文本中作了同样处理。

在本章中，我们将分析汉语连贯复句在维吾尔语中如何表达以及汉维连贯复句的表达特点。首先，我们以汉维版《十九大报告》《二十大报告》中的连贯复句为研究对象，对连贯复句在维吾尔语中的表达及其对应规律进行数据量化分析。其次，针对汉语连贯复句在维吾尔语中的表达手段进行分析探讨。

6.1 汉维版本《十九大报告》《二十大报告》语言对应表达异同

《十九大报告》《二十大报告》属于政论文。政论文在日常工作中是一种重要的语体，具有鲜明的风格。语言风格上表现出正规性、严谨性；语义层面上具有鲜明的政治性、准确性、庄重性；语用层面上富有宣传性、激励性。我们通过对汉维版《十九大报告》《二十大报告》进行对照，能发现其语言使用方面总体表现出的倾向性特征。

6.1.1 语言对应表达共同点

通过对汉维版《十九大报告》和《二十大报告》语言在表达上的特点进行分析，发现它们具有以下共同点。

一是语言表达多用并列与连贯复句，少用单句。汉文版《十九大报告》和《二十大报告》中并列、连贯复句数量占总句数量的69.4%；维吾尔文版《十九大报告》和《二十大报告》中并列、连贯复句数量占总句数量的77.2%。由此可见，在汉维版《十九大报告》《二十大报告》语言表达方面，复句都占绝大多数。

二是句型结构单一，主要是以主谓结构与动词性非主谓结构为主，且数量基本持平。汉文版《十九大报告》和《二十大报告》中主谓结构占19.7%，动词性非主谓结构占80.3%；维吾尔文版《十九大报告》和《二十大报告》中主谓结构占22.3%，动词性非主谓结构占77.7%。这是汉维版《十九大报告》和《二十大报告》在语言表达上的主要共同特点。

三是句子类型方面，就数量而言，陈述句运用最多；其次是祈使句，动词性非主谓结构构成的祈使句表达稍占优势；最后是感叹句。在汉文版《十九大报告》和《二十大报告》中，陈述句占总句数量的52.3；祈使句占总句数量的45.7；感叹句占总句数量的2%，没有运用疑问句的表达。在维吾尔文版《十九大报告》和《二十大报告》中，陈述句占总句数量的47.5%；祈使句占总句数量的50.2%；感叹句占总句数量的2.3%。

四是复句的分句间无关系标记衔接，分句间全靠意合手段进行衔接。因此，无论是汉文语版还是维吾尔文版的《十九大报告》和《二十大报告》，其语言使用表现出政论文语言典型的精练稳重风格。

6.1.2 语言对应表达不同点

汉文版《十九大报告》《二十大报告》中，连贯复句因缺乏关联标记衔接而使连贯关系不明显；而在维吾尔文版《十九大报告》《二十大报告》中，对应表达的连贯复句语义连贯关系清晰明了。由于多采用–⁰p副动词表达连贯复句，–⁰p副动词可以看作形式标记，只要在复句的分句谓语中出现，就能够确定连贯关系，从而使分句间的连贯关系明确。例如：

（1）中国将高举和平、发展、合作、共赢的旗帜，恪守维护世界和平、促进共同发展的外交政策宗旨，坚定不移在和平共处五项原则基础上发展同各国的友好合作，推动建设相互尊重、公平正义、合作共赢的新型国际关系。

ʤuŋgo tintʃliq,tɛrɛqqijat,hɛmkarliq,ortaq mɛnpɛɛtdarliq bajriqini egiz køtyryp,dunja tintʃliqini qoʁdap,ortaq tɛrɛqqijatni ilgiri syridiʁan diplomatijɛ sijasitiniŋ asasij mɛqsitidɛ tʃiŋ turup,tintʃ billɛ turuʃniŋ bɛʃ pirinsipi asasida hɛrqajsi dølɛtlɛr bilɛn dostluq vɛ hɛmkarliqni qɛtij ravaʤlandurup,bir–birini hørmɛtlɛjdiʁan,adil,hɛqqanij bolʁan,hɛmkarliʃip ortaq mɛnpɛɛtlinidiʁan jɛŋiʃɛ χɛlqara munasivɛtniŋ ornitiliʃiʁa tyrtkɛ bolidu.

（2）现代社会治理格局基本形成，社会充满活力又和谐有序。

zamanivi ʤɛmijɛt idarɛ qiliʃ ɛndizisi asasij ʤɛhɛttin ʃɛkillinip,hajatij kytʃkɛ tolʁan,inaq,tɛrtiplik ʤɛmijɛt bɛrpa qilinidu.

（3）生态环境根本好转，美丽中国目标基本实现。

ekologijɛlik muhit typtin jaχʃilinip,gyzɛl ʤuŋgo quruʃ niʃani asasij ʤɛhɛttin iʃqa aʃidu.

以上汉语例句属于连贯复句，但由于汉语缺乏严格形态标记，又没有关联标记，完全靠意合手段将分句连接起来，句际关系主要依据语义因素来判断；加之以上例句都是涉及政治性的词语，语义抽象不具体，因此，分句间的连贯关系不凸显。而在维吾尔语中，对应表达采用形式标记–⁰p副动词充当各分句谓语成分，分句间关系明确。汉语中表现为分句间关系不明显的连贯复句，在维吾尔语中表现为连贯语义关系明确的例子很多，具体见下文表6-1。这是汉维版《十九大报告》中语言表达的一大特点。

6.2汉维版本《十九大报告》《二十大报告》中连贯复句对应表达

经过对汉文版《十九大报告》《二十大报告》中连贯复句的观察与分析，发现这些连贯复句在维吾尔文版《十九大报告》《二十大报告》中有些被表达为由–⁰p副动词构成的连贯复句形式，有些被表达成维吾尔语"独立句＋独立句"结构形式①。

---

① 力提甫·托乎提.从短语结构到最简方案：阿尔泰语言的句法结构[M].北京：中央民族大学出版社，2004：235–239.

6.2.1汉维版本《十九大报告》《二十大报告》连贯复句对应表达量化分析

通过分析可知，汉文版《十九大报告》《二十大报告》中连贯复句在维吾尔语中的表达分为两种，一是包含式，二是分析式。对它们进行量化后可知，这两种表达各占一定数量及比例。具体统计结果如表6–1和表6–2所示。

表6–1　汉语《十九大报告》中连贯复句在维吾尔文版《十九大报告》中的对应表达方式数据统计表

表达方式	表达为由 $-^0p$ 构成的连贯复句	表达为维吾尔语"独立句+独立句"形式
数量及占维吾尔文版《十九大报告》总句比例	357（66.2%）	59（10.9%）

通过表6–1中的统计数据可以看出，汉文版《十九大报告》中的连贯复句在维吾尔文版《十九大报告》中表达为两种形式，一是表达为由 $-^0p$ 构成的连贯复句形式，二是表达为"独立句+独立句"的结构形式。并且二者所占维吾尔文版《十九大报告》总句（539句）的比例分别是66.2%和10.9%。

表6-2 汉文版《二十大报告》中连贯复句在维吾尔文版《二十大报告》中的对应表达方式数据统计表

表达方式	表达为由 $-^0p$ 构成的连贯复句	表达为维吾尔语"独立句+独立句"形式
数量及占维吾尔文版《二十大报告》总句比例	335（62.2%）	47（8.7%）

通过表6-2中的统计数据可以看出，汉文版《二十大报告》中的连贯复句在维吾尔文版《二十大报告》中表达为两种形式，一是表达为由 $-^0p$ 构成的连贯复句形式，二是表达为"独立句+独立句"的结构形式。并且二者所占维吾尔文版《二十大报告》总句的比例分别是62.2%和8.7%。

从数据比例来看，汉语连贯复句在维吾尔语中绝大多数会对应表达为以 $-^0p$ 副动词结构构成的连贯复句形式。而对应表达为"独立句结构+独立句结构"构成的连贯复句的比例较少，说明汉文版《十九大报告》《二十大报告》中连贯复句绝大多数与由 $-^0p$ 副动词结构构成的连贯复句形式相对应。由此可知，维吾尔语连贯复句的表达以包含式为主，以"独立句+独立句"形式表达为辅。

综上可知，维吾尔语中表达连贯复句的方式有两种，一是采用包含式，二是采用分析式。经过我们对封闭语料的统计，发现采用包含式表达较为普遍，且使用频率较高，而使用分析式表达不常见。

6.2.1.1 汉语连贯复句对应维吾尔语 –⁰p 副动词构成的连贯复句表达

汉语连贯复句在维吾尔语中表达时，通常采用 –⁰p 副动词结构分别充当前面的各个分句，最后一个分句由变化动词构成的结构充当，前后分句在形式上完成衔接，语义上完成顺承关系。例如：

（4）引导应对气候变化国际合作，成为全球生态文明建设的重要参与者、贡献者、引领者。

Kilimat øzgiriʃigε hazirliq køryʃ bojiʧε χɛlqara hɛmkarliqqa jol kørsitip,jɛrʃari ekologijε mɛdɛnijliki quruluʃiniŋ muhim qatnaʃquʧiliri,tøhpikarliri vɛ jetɛkʧiliridin bolup qalduq.

（5）我国国际影响力、感召力、塑造力进一步提高，为世界和平与发展作出新的重大贡献。

dølitimizniŋ χɛlqara tɛsir kyʧi,ʧaqiriq kyʧi,idʒadijɛt kyʧi jɛnimu eʃip,dunjaniŋ tintʃliqi vɛ tɛrɛqqijatiʁa jɛŋi,zor tøhpɛ qoʃuldi.

（6）"十二五"规划胜利完成，"十三五"规划顺利实施，党和国家事业全面开创新局面。

12–bɛʃ jilliq jirik pilanni ʁɛlibilik orundap,13–bɛʃ jilliq jirik pilanni oŋuʃluq jolʁa qojup,partijε vɛ dølɛt iʃlirida omumjyzlyk jɛŋi vɛzijɛt jarattuq.

（7）实施共建"一带一路"倡议，发起创办亚洲基础设施投资银行，设立丝路基金。

"bir bɛlbaʁ, bir jol"ni birliktɛ bɛrpa qiliʃ tɛʃɛbbusi jolʁa qojulup,asija ul ɛslihε selinma bankisi quruʃ tɛʃɛbbus qilinip,jipɛk joli fondi tɛsis qilindi.

以上连贯复句在维吾尔语中的表达均采用了 –⁰p 副动词结构。例（4）中的前一个分句由"……jol kørsitip"（引导……合作）结构担任，最后的分句由变化动词参与的结构"……tøhpikarliri vɛ jetɛktʃiliridin bolup qalduq"（成为……引领者）充当，前后分句的语义连贯顺承。例（5）中的前一分句由"……eʃip"（提高影响力）充当，后一分句由变化动词构成的结构"……tøhpɛ qoʃuldi."（为……作出贡献）充当，前后语义自然连贯。例（6）中第一个分句由副动词结构"12-bɛʃ jilliq jirik pilanni……orundap"（"十二五"完成）充当，第二个分句由副动词结构"13-bɛʃ jilliq jirik pilanni……jolʁa qojup"（"十三五"实施）充当，最后一个分句由变化动词构成的结构"partijɛ……jarattuq"（党……开创新局面）充当，三个分句在语义上连贯自然。例（7）中第一个分句由副动词结构"bir bɛlbaχˌbir jol……jolʁa qojulup"（实施……"一带一路"倡议）充当，第二个分句由副动词结构"asija……tɛʃɛbbus qilinip"（发起创办亚洲……）充当，第三个分句由变化动词构成的结构"jipɛk joli fondi tɛsis qilindi"（设立丝路基金）充当，三个分句语义顺承连贯。

6.2.1.2.汉语连贯复句对应维吾尔语"独立句+独立句"形式的连贯复句表达

汉文版《十九大报告》《二十大报告》中的连贯复句在维吾尔语中还有一种表达方式，那就是采用"独立句+独立句"形式。例如：

（8）一大批惠民举措落地实施，人民获得感显著增强。

χɛlqqɛ nɛp jɛtkyzidiʁan nurʁunliʁan tɛdbirlɛr dʒajida ɛmɛlijlɛʃti, χɛlqniŋ eriʃiʃ tujʁusi kø;rynɛrlik kyʧɛjdi.

（9）生态环境治理明显加强，环境状况得到改善。

ekologijɛlik muhitni tyzɛʃ roʃɛn kyʧɛjtildi, muhit ɛhvali jaχʃilandi

以上连贯复句均是由两个充足句构成。每个分句都是具有完整的人称与时标记的句子。

6.2.2汉维版《十九大报告》《二十大报告》中连贯复句关联模式量化分析

经过对汉维版《十九大报告》《二十大报告》中连贯复句的关联模式进行统计，发现其中连贯复句表现出极为明显的倾向性。具体统计如表6–3和表6–4所示。

表6–3　汉维版《十九大报告》中连贯复句的关联模式对照表 [1]

关联模式		汉文版《十九大报告》中的连贯复句（个数/占比）	维吾尔文版《十九大报告》中的连贯复句（个数/占比）
语法衔接	无关联标记表达总量	365/87.7%	369/88.7%

---

[1]　表6–3和表6–4中的"关联模式"是典型手段，在连贯复句中，存在一种或多种关联手段同时运用的情况。因此，存在省略手段、替代手段、重复手段与意合手段同时运用的情况。当遇到这种情形时，我们把它分开来统计，特此说明。

关联模式			汉文版《十九大报告》中的连贯复句（个数/占比）	维吾尔文版《十九大报告》中的连贯复句（个数/占比）
语法衔接	典型衔接手段	照应	4/1%	4/1%
		替代	5/1.2%	5/1.2%
		省略	58/13.9%	67/16.1%
	关联标记表达总量		0	0
词汇衔接	重复（完全/部分）		6/1.4%	6/1.4%

由表6-3可以看出，汉维版《十九大报告》中采用语序手段进行衔接的连贯复句数量都很高，占有绝对优势，分别为87.7%和88.7%；其次是省略手段进行衔接的连贯复句数量，占比分别为13.9%和16.1%。使用其他关联手段的数量相差不大。最明显的是，《十九大报告》中汉维连贯复句都不采用关联标记来凸显句际间的连贯关系。

表6-4　汉维《二十大报告》中连贯复句的关联模式对照表

关联模式			汉文版《二十大报告》中的连贯复句（个数/占比）	维吾尔文版《二十大报告》中的连贯复句（个数/占比）
语法衔接	无关联标记表达总量		132/96.4%	134/96.4%
	典型衔接手段	照应	4/2.9%	5/3.6%
		替代	3/2.2%	3/2.2%
		省略	35/25.1%	31/22.3%
	关联标记表达总量		1/0.7%	2/1.4%

关联模式		汉文版《二十大报告》中的连贯复句（个数/占比）	维吾尔文版《二十大报告》中的连贯复句（个数/占比）
词汇衔接	重复（完全/部分）	4/2.9%	2 /1.4%

  由表6-4可以看出，汉维版《二十大报告》中采用语序手段进行衔接的连贯复句数量都很大，占有绝对优势，均为96.4%；其次是省略手段进行衔接的连贯复句数量，占比分别为25.1%和22.3%。使用其他关联手段的数量相差不大。最明显的是，《十九大报告》中汉维连贯复句都不采用关联标记来凸显句子间的连贯关系；而《二十大报告》中汉语连贯复句采用了"尤其是""特别是"等带有关联意义的表达，对应在维吾尔语中的表达为"bolupmu"。

  以上充分说明在政论体中，无论是汉语还是维吾尔语在连贯复句的表达上都十分简洁精练，在语句的表达手段上不冗余，不拖沓。这也是汉维政论文中连贯复句所体现出的一大特点。同时也说明为适应政论型文体风格，汉维连贯复句在表达上所做出的选择。

6.3《十九大报告》《二十大报告》中连贯复句在维吾尔语中的表达方式

汉文版《十九大报告》《二十大报告》的连贯复句所使用的数量占总句数的比例较高，大约占67.7%[①]。根据译文看，被译为维吾尔语连贯复句的数量占比接近70%。由数据可以看出，连贯复句在汉维文版《十九大报告》和《二十大报告》篇章构成中起到举足轻重的作用。经过考察，发现汉语连贯复句在维吾尔语中表达时，通常采用态标记和固定句式等表达方式。

6.3.1 采用态标记

汉语连贯复句在维吾尔语中的表达体现出了一定的特点。我们发现这些复句在维吾尔语中通常借助在动词后附加态标记来表达。维吾尔语的态是用来表示动作行为与其主客体之间关系的语法范畴。动词的态有五种变化，即基本态、被动态、反身态、使动态和交互态[②]。具体见下表6–5。

---

① 总句数量为813句，其中连贯复句数量有550句，占比约为67.7%。
② 力提甫·托乎提.现代维吾尔语参考语法 [M].北京：中国社会科学出版社，2012：273.

表6-5　维吾尔语动词的语态语缀及意义表

语态名称	语态语缀	意义[①]
基本态	–Ø （动词的基本态也就是动词的原形，即动词的"零形式"）	基本态动词做谓语时一般表示动作行为是由主语发出的
使动态	$-^0$t(–t/–it/–ut/–yt);–0r(–r/–ir/–ur/–yr); –iz–/–sɛt; –DUr(–dur/–tur/–dyr/–tyr);GUz(–ʁuz/–quz/–gyz/–kyz)	使动态动词做谓语时表示句子主语不是动作的发出者，而是动作的致使者或允许者
被动态	$-^0$l(–l/–il/–ul/–yl);–^{0}n(–n/–in/–un/–yn)	被动态动词做谓语时其主语由逻辑宾语充当
反身态	$-^0$n(–n/–in/–un/–yn);–^{0}l(–l/–il/–ul/–yl)	反身态动词做谓语时表示主语既是动作的发出者又是动作的承受者
交互态	$-^0$ʃ(–ʃ/–iʃ/–uʃ/–yʃ)	交互态动词做谓语时表示主语是由两个或多个人或事物，且动词所表达的是主语涉及两个或多个事物同时做出或相互做出的同一个动作

　　汉文版《十九大报告》《二十大报告》连贯复句在维吾尔语中对应表达时，通常会借助动词的态标记进行表达。有时会通过在动词之后附加一个态标记，有时会通过在同一个动词后叠加两种意义的态标记，甚至是三种意义的态标记来表达。通过在动词词干后叠加不同意义的态标记来共同凸显动作行

---

　　① 　力提甫·托乎提.现代维吾尔语参考语法[M].北京：中国社会科学出版社，2012：273–280.

为与其执行者之间的关系。我们发现在汉维版《十九大报告》《二十大报告》中存在一个倾向性规律，就是维吾尔语的态标记的使用与汉语连贯复句分句的结构之间存在一定联系。我们将汉语连贯复句分句的结构组成分为主谓结构和动词性非主谓结构后，发现维吾尔语对应表达时态标记的使用表现出差异性。下面具体分析。

6.3.1.1 主谓结构分句采用主动态表达

此类连贯复句分句中的动词词干都采用主动态标记为主或主动态标记叠加集合态标记来表达。例如：

（10）中国特色社会主义法治体系日益完善，全社会法治观念明显增强。

ʤuŋgoʧɛ sotsijalistik qanunʧilliq sistemisi kyndin-kyngɛ mukɛmmɛllɛ-ʃ-ti,pytkyl ʤɛmijɛtniŋ qanunʧilliq qariʃi roʃɛn kyʧɛ-jdi.

（11）我们坚持稳中求进总基调，迎难而上，开拓进取，取得了改革开放和社会主义现代化建设的历史性成就。

muqimliq asasida ilgirilɛʃtin ibarɛt χizmɛt omumij rohida ʧiŋ turup,qijinʧiliqtin qorqmaj jol eʧip ilgirilɛp,islahat,eʧivetiʃ iʃlirida vɛ sotsijalistik zamanivilaʃturuʃ quruluʃida tariχij muvɛppɛqijɛtkɛ eri-ʃ-tuq.

（12）建成世界最大的高速铁路网、高速公路网、机场港口、水利、能源、信息等基础设施建设取得重大成就。

dunja bojiʧɛ ɛŋ ʧoŋ jyqiri syrɛtlik tømyrjøl tøri,juqiri syrɛtlik taʃjol torini qurup ʧiq-tuq,ajrødurum,port,suʧiliq,energijɛ,uʧur qatarliq ul ɛslihɛ quruluʃliridi muhim,zor muvɛppɛqijɛtlɛrni qolʁa kɛltyr–duq.

例（10）动词 "mukɛmmɛllɛ–"（完善）、"kyʧɛ–"（加强）采用主动态标记叠加交互态标记 "–ʃ" 来表达，当一个交互态动词作句子的谓语时表示主语是两个或两个以上的人或事物，而动词所表达的是主语涉及的两个或多个人或事物同时作出的同一个动作。因此，例（10）表示 "中国特色社会主义法治" 与 "全社会法治观念" 需要 "全社会民众" 的参与来 "完善" 和 "加强"。例（11）中，动词 "ʧiŋ tur–"（紧抓）、"ilgirilɛ–"（进取）均采用主动态标记表达，"eri–"（取得）采用主动态标记叠加交互态标记表达。例（12）中，"qurup ʧiq–"（建成）"qolʁa kɛltyr–"（取得）均采用主动态词根后附加第一人称过去时词缀 "–tuq/–duq"。

6.3.1.2 受事性主谓结构分句采用 "主动态+使动态+被动态标记" 词缀表达

我们在这里提到的分句为受事性主谓结构的连贯复句，是指在一个复句中，有分句的结构是受事性主谓结构，有分句不是受事性主谓结构。只要复句中有一个分句是受事性主谓结构就是我们考察的对象。受事性主谓结构在维吾尔语中的表达通常采用在动词后进行态标记叠加的方式来表示。这些态标记叠加的顺序为 "主动态+使动态+被动态"。力提甫·托乎提（2004）指出 "出现语态成分重叠时，起支配作用的是附加在最后的那个态成分"①，就是说动词后缀加的最后一个态标记起作用。例如：

（13）武器装备加快发展，军事斗争准备取得重大进展。

qoral-dʒabduq tez ravadʒlan-dur-ul-up,hɛrbij kyrɛʃkɛ hazirliq køryʃ dʒɛhɛttɛ zor nɛtidʒɛ qolʁa kɛldi.

（14）党的建设制度改革深入推进，党内法规制度体系不断完善。

partijɛ quruluʃiniŋ tyzym islahat tʃoŋqur alʁa sildʒi-t-il-di,partijɛ itʃidiki nizam-tyzym sistemisi yzlyksiz mukɛmmɛllɛ-ʃ-ti.

（15）重要领域和关键环节改革取得突破性进展，主要领域改革主体框架基本确立。

muhim sahɛlɛr vɛ atʃqutʃluq halqilarniŋ islahatida bøsyʃ χarakterlik nɛtidʒɛ qolʁa kɛldi,muhim sahɛlɛrdiki islahatniŋ asasij ramkisi asasɛn tur-ʁuz-ul-di.

（16）共建共治共享的社会治理制度进一步健全，民族分裂势力、宗教极端势力、暴力恐怖势力得到有效遏制，扫黑除恶专项斗争取得阶段性成果，有力应付一系列重大自然灾害，平安中国建设迈向更高水平。

Urtaq bɛrpa qilidiʁan,urtaq idarɛ qilidiʁan,ortaq bɛhʁimɛn bolidiʁan dʒɛmijɛt idarɛ qiliʃ tyzymini jɛnimu takamulla-ʃ-tur-up,mill ij bølgyntʃi kytʃlɛr,dinij ɛsɛbij kytʃlɛr,zoravan-terrurtʃi

---

① 力提甫·托乎提.轻动词理论与维吾尔语动词语态[J].民族语文，2004（6）.

kytʃlɛrni unumlyk ʧɛklɛp,qara–rɛzil kytʃlɛrni joqitiʃ mɛχʃus kyriʃidɛ basquʧluq nɛtidʒilɛrni qolʁa kɛl–tur–up,bir qatar eʁir,zor tebij apɛtlɛrgɛ kytʃlyk taqabil turup,tinʧ dʒuŋgo quruluʃini tɛχimu juqiri sɛvijɛgɛ køt–ur–duq.

　　通过观察，发现在以上由两个分句构成的连贯复句中，有的分句结构属于受事性主谓谓语句结构。例如"武器装备加快发展""党的建设制度改革深入推进""主要领域改革主体框架基本确立"这些句子的大主语是小谓语中的某个动词的受事成分，这类主谓谓语句多数可以通过变换成一般的主谓句。因此，可以说"加快发展武器设备""深入推进党的建设制度""基本确立主要领域改革主体框架"等。原句中的"武器设备""党的建设制度""主要领域改革主体框架"这些成分在句中充当受事性主语，其目的在于突出强调。此类结构在维吾尔语中表达时采用在动词后附加态标记，来标明动作与主客体之间的关系。例（13）中"武器装备加快发展"在维吾尔语中表达为"qoral–dʒabduq tez ravadʒlan–dur–ul–up"，其中，动词"ravadʒlan–"（加快）词干后附加使动态标记"–dur"，其后接着附加被动态标记"–ul"，虽然这两种态标记叠加，但是最终起作用的是最后的被动态标记。例（14）中的"党的建设制度改革深入推进"在维吾尔语中表达为"partijɛ quruluʃiniŋ tyzym islahat ʧoŋqur alʁa sildʒi–t–il–di"，其中，动词"alʁa sildʒi–"（推进）词干后附加使动态标记"–t"，其后接着附加被动态标记"–il"，最终被动态起作用，表示"被推进"。例（15）中的"主要领域改革主体框架基本确立"在维吾尔语中表达为"muhim sahɛlɛrdiki islahatniŋ asasij ramkisi asasɛn tur-ʁuz-ul-di",其中,动词"tur-"(确立)词干后附加使动态标记"-ʁuz",其后接着附加被动态标记"-ul",最终被动态起作用,表示"被确立"。例(16)中"takamulla-ʃ-tur-up"(健全)采用词干后附加集合态"-ʃ"与使动态词尾"-tur"表示使动意义,即"使健全"。"qolʁa kɛl-tur-up"(取得)采用词干后附加使动态词尾"-tur",表示使动意义,即"使取得"等。

以上分析表明,由受事性主谓谓语结构充当的分句,如果动词谓语是"发展""推进""确立"等,能够变换为一般的主谓结构。此类结构在维吾尔语中的表达要通过在动词词干后进行态标记叠加来表达。通过动词语态标记的添加来表示动作与实施动作行为的主体之间的关系。

由以上分析可以看出,汉维在表达上存在的差别。汉语缺乏严格形态变化,是注重意合的语言;而维吾尔语是形态标记发达的语言,通过附加形态标记来体现。

6.3.1.3 动词性非主谓结构分句采用叠加"使动态+被动态标记"词缀表达

发现分句除了由主谓结构充当以外,非主谓结构也充当分句,并且这种情况较为常见。在《十九大报告》《二十大报告》中不少复句的分句采用非主谓结构来表达。这些非主谓结构全部涉及的是动词性非主谓结构。这些分句从表层结构上看,省略了主语,但却不需要补出来,听众或受众都能够理解。例如:

（17）健全人民当家作主制度体系，发展社会主义民主政治。

（18）决胜全面建成小康社会，开启全面建设社会主义现代化国家新征程。

（19）加快构建新发展格局，着力推动高质量发展。

（20）实施科教兴国，强化现代化建设人才支撑。

以上例句中，表层结构上没有主语，但不影响人们对句子的理解。因为在深层结构上是潜在的，隐藏的。这些主语可能存在上下文当中，可能是不言自明的，也可能是泛指的人或物等。即使在表层结构上主语不出现，也不影响受众对语句的理解。这些动词性非主谓结构做分句的复句在维吾尔语中也采用态标记叠加手段表达。除此之外，对应模式分为两种：其一是第一个分句动词后采用–⁰p副动词形式的非人称形式，后一分句采用完句成分–di/ti（过去时第三人称）结尾；其二，两个分句均为完句，分句的动词后附加完句词尾。例如：

（21）坚持一个中国原则和"九二共识"，推动两岸关系和平发展。

bir ʤuŋgo pirinsipi vɛ "92-jil ortaq tonuʃi" qɛtij davamlaʃ-tur-up,ikki qirʁaq munasivitiniŋ tinʧ tɛrɛqqijati alʁa syr-yl-di.

（22）蹄疾步稳推进全面深化改革，坚决破除各方面体制机制弊端。

islahatni omumjyzlyk ʧoŋqurlaʃturuʃ tez qɛdɛm bilɛn puχta alʁa sildʒi-t-il-di,hɛr ʤɛhɛttiki tyzulmɛ-mɛχanizm illɛtliri qɛtij tygi-t-il-di.

（23）召开古田全军政治工作会议，恢复和发扬我党我军光荣传统和优良作风。

gutjɛndɛ pytyn armijɛniŋ sijasij χizmɛt jiʁini ʧaqir-il-ip,partijɛmiz vɛ armijɛmizniŋ ʃɛrɛplik ɛnɛnsi vɛ esil istili ɛsligɛ kɛl-tyr-yl-di vɛ ʤari qil-dur-ul-di.

（24）加强两岸经济文化交流合作，实现两岸领导人历史性会晤。

ikki qirʁaqniŋ iqtisad,mɛdɛnijɛt alaqisi vɛ hɛmkarliqi kyʧɛj-ti-l-di, ikki qirʁaq rɛhbɛrliriniŋ tariχij uʧriʃiʃi ɛmɛlgɛ aʃ-ur-ul-di.

（25）全面推进中国特色大国外交，形成全方位、多层次、立体化的外交布局，为我国发展营造了良好外部条件。

ʤuŋgoʧɛ ʧoŋ dølɛt diplomatijɛsi ɛtrapliq alʁa silʤi-t-il-ip, hɛr tɛrɛplimɛ, køp qatlamliq,istereoluq diplomatijɛ orunlaʃturmisi ʃɛkillɛn-dyr-yl-yp, dølitimizniŋ tɛrɛqqijati yʧyn jaχʃi taʃqi ʃarait jari-t-il-di.

（26）坚持照镜子、正衣冠、洗洗澡、治治病的要求，开展党的群众路线教育活动和"三严三实"专题教育，推进"两学一做"学习教育常态化制度化。

ɛjnɛkkɛ qaraʃ, øzini tyzɛʃtyryʃ,jujunuʃ,davaliniʃ tɛlipi qɛtij davamla-ʃ-tur-ul-up, partijɛniŋ ammivi luʃjɛn tɛrbijɛsini ɛmɛldɛ kørsitiʃ paalijiti vɛ "yʧtɛ tɛlɛpʧan, yʧtɛ rastʧil boluʃ" mɛχsus tɛrbijɛsi qanat jaj-dur-ul-up, "ikkini øginiʃ, bir boluʃ" øginiʃ-tɛrbijɛsiniŋ daimliʃiʃi, tyzymliʃiʃi alʁa silʤi-t-il-di.

在以上例句中，动词"坚持""推动""推进""破除""恢复""发扬""加强""实现""形成""开展"等这类及物动词，在语义上都要求一个施事者，而施事没有出现。由于汉语是意合型语言，不讲求形式表达，相比之下维吾尔语是形态发达的语言，讲求形式表达。因此，在表达这类动词时，采用在动词词干后叠加使动态与被动态标记来凸显动宾成分之间的语义关系。

例（21）（23）（25）和（26）处于第一分句的动词则采用非人称形式–ºp副动词形式，即"davamlaʃ–tur–up"（坚持）、"jiʁini tʃaqir–il–ip"（召开）、"alʁa sildʒi–t–il–ip"（推进）、"davamla–ʃ–tur–ul–up"（坚持）、"qanat jaj–dur–ul–up"（开展），后一分句动词采用附加完句词尾–di（过去时第三人称），即"alʁa syr–yl–di"（推动）、"ɛsligɛ kɛl–tyr–yl–di vɛ dʒari qil–dur–ul–di"（恢复和发扬）、"jari–t–il–di"（营造）、"alʁa sildʒi–t–il–di"（推进）。

例（22）（24）中，前后分句动词均采用了后附完句词尾–di，如"alʁa sildʒi–t–il–di"（推进）、"qɛtij tygi–t–il–di"（破除）、"kyʧɛj–ti–l–di"（加强）、"ɛmɛlgɛ aʃ–ur–ul–di"（实现）。

力提甫·托乎提（2012）指出，在态标记叠加时，不管态标记词序如何，一个原则总是"句子的主语要与词干最末尾的一个态标记相适应"[①]。正如以上例句中，维吾尔语通过在动词后叠加态标记，被动态标记的位置位于使动态标记之后，那么

———————
① 力提甫·托乎提.现代维吾尔语参考语法[M].北京：中国社会科学出版社，2012：280.

整个动词的态取决于被动态意义。由以上例句可以看出，被动态标记都处于叠加了"主动态＋使动态"之后的位置上，因此整个句子态的意义取决于被动态意义。由此可以看出，动词性非主谓结构的连贯复句在维吾尔语中的对应表达是需要借助"态"标记来完成的。以此方式对应汉语的动词性非主谓结构的表达，一方面，动词后的态标记标明了与施事之间的关系；另一方面，表层结构上避免了主语出现，表达精简凝练，适应政论文的语言风格。

6.3.2 固定句式表达

在汉文版《十九大报告》《二十大报告》中存在一定数量的动词性非主谓结构做分句的连贯复句。对这些复句进行分析，发现这些复句从句类上看是祈使句，承担着祈使句的语用功能。祈使句是从语用层面划分出来的句子种类。方霁（1999）指出，祈使句是人们在语言交际时，发话者传达出让听话者做或不做某事，或者是发话者让听话者与发话人自己一同做或不做某事的指令。祈使句的主要功能是发话者希望发出的指令得以实现①。根据结构形式的不同，祈使句可以分为三类，即一般式、强调式和否定式。其中，强调式中含有助动词"应该""必须""需要"。其他两者在《十九大报告》中不涉及，故不赘述。经过对汉文版《十九大报告》《二十大报告》

---

① 方霁.现代汉语祈使句的语用研究（上）[J].语文研究，1999（4）.

中连贯复句的考察，发现这些复句均具有同祈使句一样的语用功能。区别是在表达时去掉了略显生硬的"应该""必须""需要"等助动词以及句末语气词，因而语句结构显得简练，语气上显得平稳有力、严肃而不失活泼，突显宣传与号召作用。

　　这类复句在维吾尔语中的表达也体现出一定的特点。不仅可以采用动词后附加态标记表达，还可以采用固定句式表达。固定句式的表达通常采用动名词的人称或非人称形式结合一些表情态意义的形容词构成的合成谓语，如由动名词的人称形式或非人称形式与"lazim/kerɛk/ʃɛrt"（需要/应该/必须）构成合成谓语。力提甫·托乎提（2004）认为，一个含有合成谓语"动名词的人称或非人称形式＋lazim/kerɛk/ʃɛrt"的句子属于非IP句，因为从句法形式上看，这类句子缺乏一个充足句IP应有的"时态与人称成分"[①]。他认为这类句子从逻辑上看表祈使或命令意义，只向听话者或受众提出应该做某事的要求，至于听话者或受众是否去做、什么时间去做等与时态有关的问题不可能从该形式中得到表达。因此，它们不可能在这些结构里有所表达[②]。因此，这一点正好说明了人类思维在语言深层次上表现出一致性。汉文版《十九大报告》《二十大报告》中连贯复句语用上表祈使意义，只是号召、宣传，没有时间因素。维吾尔语的对应表达也体现出这一点，没有时态与人称标记。

---

　　① 力提甫·托乎提.从短语结构到最简方案：阿尔泰语言的句法结构[M].北京：中央民族大学出版社，2004：136.

　　② 力提甫·托乎提.从短语结构到最简方案：阿尔泰语言的句法结构[M].北京：中央民族大学出版社，2004：137.

经过观察，发现这个合成谓语位于最后一个分句的末尾，而前面分句则采用 $-^0p$ 副动词结构充当。我们对此进行形式化描写，可得：

S1（……V–^{0}P），……Sn（……V–$_{NOML}$＋lazim/kerek/ʃert）。

分句是动词性非主谓结构构成的这类复句在维语中采取以上句式表达，并且数量不在少数。经过分别对《十九大报告》《二十大报告》的维吾尔文译本进行统计，发现如下规律：一是《十九大报告》维吾尔文译本中共有269句按照上述句式进行表达，占《十九大报告》维吾尔文译本总句数量的49.9%；二是《二十大报告》维吾尔文译本中共有214句按照上述句式进行表达，占《二十大报告》维吾尔文译本总句数量的51.3%。由此可见，这类复句是政论文语言表达上的一大特色，在维吾尔文对应表达中同样具有鲜明特色，基于上述分析，这也是《十九大报告》和《二十大报告》维吾尔文译本句式运用的一大特色。例如：

（27）坚持中西医并重，传承发展中医药事业。

dʒuŋgo tebabɛtʃiliki bilen ʁɛrb tebabɛtʃilikige tɛŋ etibar beriʃte ʃiŋ turup, dʒuŋgo tebabɛtʃilik–dorigɛrlik iʃlirini davamlaʃturuʃ vɛ ravadʒlanduruʃ lazim.

（28）创新对外投资方式，促进国际产能合作，形成面向全球的贸易、投融资、服务网络，加快培育国际经济合作和竞争力。

ʧɛt ɛlgɛ mɛblɛχ seliʃ usulini jeŋilap, χɛlqara iʃlɛpʧiqiriʃ iqtidari hɛmkarliqini ilgiri syryp, dunjaʁa jyzlɛngɛn soda, mɛblɛχ seliʃ, mɛblɛχ jyryʃtyryʃ, iʃlɛpʃiqiriʃ vɛ mulazimɛt torini ʃɛkillɛndyryp, χɛlqara iqtisadij hɛmkarliq vɛ riqabɛt jeŋi ystynlykini tez jetildyryʃ lazim.

（29）坚定不移全面从严治党，不断提高党的执政能力和领导水平。

partijɛni omumjyzlyk qattiq idarɛ qiliʃta qɛtij tɛvrɛnmɛj ʧiŋ turup, partijɛniŋ hakimijɛt jyrgyzyʃ iqtidari vɛ rɛhbɛrlik sɛvijɛsini østyryʃ kerɛk.

（30）必须全面贯彻新时代党的强军思想，贯彻新形势下军事战略方针，建设强大的现代化陆军、海军、空军、火箭军和战略支援部队，打造坚强高效的战区联合作战指挥机构，构建中国特色现代化作战体系，担当起党和人民赋予的新时代使命任务。

partijɛniŋ jeŋi dɛvrdɛ armijɛni qudrɛt tapquzuʃ idijɛsini omumjyzlyk izʧillaʃturup, jeŋi vɛzijɛttiki hɛrbij istrategijɛlik faŋdʒenni izʧillaʃturup, zamanivilaʃqan qudrɛtlik quruqluq armijɛsi, dɛŋiz armijɛsi, hava armijɛsi, raketa armijɛsi vɛ istrategijɛlik jardɛmʧi qisim qurup, kyʧlyk vɛ juqiri ynymlyk uruʃ rajoni birlɛʃmɛ dʒeŋ qomandanliq apparati qurup, dʒuŋgoʧɛ zamanivi uruʃ qiliʃ sistemisi bɛrpa qilip, partijɛ vɛ χɛlq jykligɛn jeŋi dɛvr burʧi vɛ vɛzipisiniŋ høddisidin ʧiqalajdiʁan boluʃ ʃɛrt.

（31）提高污染排放标准，强化排污者责任，健全环保信用评价、信息强制性披露、严惩重罚等制度。

bulʁima ʧiqiriʃ ølʧimini ʧiŋi-t-ip, bulʁima ʧiqarʁuʧiniŋ

mɛsulijitini kytʃɛj-t-ip, muhit asraʃ inavitini bahalaʃ, uʃurni mɛʤʤurij aʃkarilaʃ, qattiq ʤazalaʃ, eʁir ʤɛrimanɛ qojuʃ qatarliq ʤɛhatlɛrdiki tyzymlɛrni mukɛmmɛllɛʃ-tyr-yʃ lazim.

（32）强化自上而下的组织监督，改进自下而上的民主监督，发挥同级相互监督作用，加强对党员领导干部的日常管理监督。

Juqiridin tøvɛngɛ qaritilʁan tɛʃkilij nazarɛtʃilikni kytʃɛjtip, tøvɛndin juqiriʁa qaritilʁan demokratik nazarɛtʃilikni jaχʃilap, tɛŋ dɛriʤiliklɛrniŋ øzara nazarɛt qiliʃ rolini ʤari qildurup, partijɛlik rɛhbirij kadirlarʁa qaritilʁan kyndilik baʃquruʃ-nazarɛtʃilikni kytʃɛjtiʃ lazim.

在以上例句中，汉语的复句均由两个或两个以上的非主谓结构构成的分句组成，形式结构上没有主语，但在深层结构中，主语蕴含其中，主语是暗含以发话人为代表的单位或组织。因此，这些句子的主语相当于"我国医疗事业、我国、我党、我军"。如例（27）可以理解成"我国医疗事业要坚持中西医并重，传承发展中医药事业"；例（28）可以理解成""我国要创新对外投资方式，促进国际产能合作，形成面向全球的贸易、投融资、服务网络，加快培育国际经济合作和竞争力"；例（29）可以理解成"我党要坚定不移全面从严治党，不断提高党的执政能力和领导水平"；例（30）可以理解成"我军必须全面贯彻新时代党的强军思想，贯彻新形势下军事战略方针，建设强大的现代化陆军、海军、空军、火箭军和战略支援部队，打造坚强高效的战区联合作战指挥机构，构建中国特色现代化作战体系，担当起党和人民赋予的新时代使命任务"。例（31）可以理解为"我国应该提高污染排放标准，强化排污者责任，健全环保信用评价、信息强制性披露、严惩重罚等制度"。例（32）可以理解为"我党应该强化自上而下的组织监督，改进自下而上的民主监督，发挥同级相互监督作用，加强对党员领导干部的日常管理监督"。

　　由以上例句可以看出，句子的主语是潜在的，是可以添加上去的，但是添加主语以后，结构显得冗余，语义显得拖沓，语言的宣传力度不如前者，语用效果也不理想。另外，从非主谓结构本身所表述的意义看，非主谓结构重点要描述的是动作行为或变化等情况，而不是在于重点描述"谁"或"什么单位、组织"进行这一动作行为或发生的变化。所以，非主谓结构句的表达简明扼要，符合政论型语体的风格，因此，在政论型语体中，非主谓结构的使用较为普遍。

　　在维吾尔语的对应表达中，前面分句谓语采用副动词结构充当，最后一个分句谓语采用动名词和情态形容词结合构成合成谓语来充当。由于句中不涉及由"谁"或"哪些组织或机构"去执行动作行为，因此，该表达在表层结构上没有主语，也就没有谓语人称变化。如"……　tʃiŋ turup，……　davamlaʃturuʃ vɛ ravadʒlanduruʃ lazim"（坚持……，传承与发展……）；"……　jeŋilap，……　ilgiri syrup，……　ʃɛkillɛndyryp，……　tez jetildyryʃ lazim"（创新……，促进……，形成……，加快……）；"……　tʃiŋ turup，……　østyryʃ kerɛk"（坚持……，提高……）；"……　tezlitip，……　quruʃ lazim"（加快……，建设……）；"……iztʃillaʃturup,……iztʃillaʃturup,……qurup,……qurup,……bɛrpa qilip,……boluʃ ʃert"（贯彻……，贯彻……，建设……，建设……，构建……，担当起……）；"……kyʃɛjtip,……jaxʃilap,……dʒari qildurup,……kyʃɛjtiʃ lazim"（强化……，改进……，发挥……，加强……）。

以上复句的前一分句采用副动词结构充当谓语，最后一分句采用动名词+"lazim/kerɛk/ʃert"（需要/应该/必须）结构来表达分句的谓语。这样表达的目的不是凸显动作行为的执行者，而是强调应该做什么，怎样去做。这样表达不仅在结构上简洁明了，节省了表达精力，满足政论文献表达精简的需要；而且在语用效果上具有号召力。

需要说明的是，以上三个情态形容词虽然都用在表祈使语气中，但在语气上存在一些差别："ʃert"（必须）的语气最强硬，凸显发话人态度坚决；其次，"kerɛk"（应该）语气稍弱，表倡议、号召意味较多；最后"lazim"（需要）表语重心长的劝说意味更浓厚。通过对语料统计，发现这三个词语数量的使用频率由大到小表现为：lazim> kerɛk > ʃert。这些情态形容词的使用，与政论文体的语言风格相得益彰，凸显了政论文的号召性与宣传性。

6.4 小结

以上我们以汉维版《十九大报告》《二十大报告》中连贯复句为考察对象。从汉语连贯复句在维吾尔语中的对应表达特征入手分析，发现存在以下倾向性规律：

首先，发现汉文版《十九大报告》《二十大报告》中连贯复句的数量占有绝对比重，对汉语连贯复句在维吾尔语中的表达进行量化分析，发现表达为维吾尔语时也表达为连贯复句，同样占所有报告篇幅比重很大。其次，对汉维版《十九大报告》《二十大报告》中连贯复句的对应表达进行了分析。通过量化分析，发现汉语连贯复句在维吾尔语中主要表达成由 $-^0p$ 副动词构成的包含式，较少表达为"独立句+独立句"形式。同时，发现汉维连贯复句以语序及省略手段为主要关联模式。最后，对分句由主谓结构构成的连贯复句和动词性非主谓结构构成的连贯复句在维吾尔语中的表达特点进行了探讨，发现前者在维吾尔语中习惯借助态标记或通过叠加多种态标记（集合态、使动态、被动态等）来表达，后者通常借助固定句式来表达。

结论

1 篇章语言学、语言类型学与汉维连贯复句比较

篇章语言学不再把目光拘泥于传统的语言（词法、句法）研究层面，而是扩大到大于句子的语言单位上，去考察分析语境之下某一语言现象及其形式特征表现。对汉维连贯复句的探讨属于篇章层面的分析。前文通过比较分析，重点考察了汉、维语连贯复句在篇章内部衔接连贯上的共性与个性特征。类型学与其他语言学理论最明显的差异在于类型学是采用跨语言比较方法。跨语言比较与类型学关系密切。跨语言比较得出的语言共性与个性能够丰富类型学理论。相反，不断丰富的语言类型学理论又能够为跨语言比较提供理论支撑与借鉴。

在以往的汉语-维吾尔语比较研究中，几乎没有将语言比较分析置于类型学视角之下进行的，而本文将汉维连贯复句间的比较置于类型学理论框架之下，从两种不同类型的连贯复句寻找二者的不同点与相同点。发现汉语连贯复句是分析式，维吾尔语连贯复句典型表达是包含式。这个结论再次为汉语是分

析式语言，维吾尔语是黏着式语言提供佐证。

以往涉及类型学的研究都是在句法或句法以下层面进行的，而本文的研究是在篇章层面（复句）进行语言间的共性与个性的比较。这一点也是本文针对汉维连贯复句在类型学理论指导下进行比较与分析的初次尝试。

2 总结

本书第一章对汉维复句及连贯复句目前的研究状况做了梳理，发现汉语复句的研究状况较维吾尔语复句的研究状况深入全面，并且针对汉语–维吾尔语连贯复句的研究及比较研究甚少。这也是我们选择对汉维连贯复句进行比较研究的一个原因。

第二章对汉维连贯复句的类型特征做了比较分析，分析主要是建立在类型学理论框架下进行。首先我们对类型学在国内外的发展情况做了梳理；接着对汉维句法形态类型特点做了梳理与归纳；继而我们又讨论了汉语–维吾尔语动词相关的语序特点。发现汉语中与动词相关的成分排列是与类型学中的"可别度领先"原则有关，且汉语遵循类型学中"可别度领先"原则。维吾尔语中与动词相关的语序特点体现在"态–体–时–人称"轨层结构、重度最后原则以及高层分支和谐原则等。最后，对汉维连贯复句句型进行了比较，发现汉语连贯复句属于分析式，而维吾尔语中由 $-^0p$ 副动词构成的连贯复句属于包含式，除此还包括"独立句+独立句"形式。

在第三章，我们以三个平面理论为支撑，考察了汉语与维吾尔语中由 $-^0p$ 副动词构成的连贯复句在句法、语义及语用层面的所具有的共性与个性特征。二者所具有的共性表现在：无论分句在句法、语用等层面是否具有独立性，其语义都是完整的、自足的。二者所具有的个性体现在汉语连贯复句分句在句法结构上具有独立性，但是在语用层面上前一分句不具有独立性，后一分句也不具有独立表达的语用功能。因此，汉语连贯复句的语用独立性体现在前后分句共同参与表达。维吾尔语连贯复句中由 $-^0p$ 副动词构成的分句在句法结构上不具有独立性，担任从句角色，而最后一分句因具有完句标记 —— 人称与时语缀，因此在句法结构上具有独立性。所以，维吾尔语连贯复句表现出主从关系特征。

在第四章，我们对汉维连贯复句的结构表现形式进行分析，指出汉语连贯复句通过关联标记和语序手段来体现，而维吾尔语连贯复句通过 $-^0p$ 副动词构成包含式结构，除此还有"独立句+独立句"结构形式表现（词类型在类型学上与汉语连贯复句不具有对立的典型性，因此不是讨论重点）。最后将二者进行比较得出汉语连贯复句是分析式表现，维吾尔语连贯复句是综合式（包含式）表现。

第五章我们分别对汉维连贯复句的关联模式进行了分析与讨论，并对二者进行了比较。发现汉维连贯复句在关联标记、语法衔接手段及词汇衔接手段方面都有表现。不同的是维吾尔语连贯复句还可以通过"式"与"时"的范畴进行分句衔接，因此关联模式更为丰富。接着我们又对汉维连贯复句中的关联标记的位置进行了分析与比较，发现在汉维连贯复句中关联标记都可以出现在后一分句的句首位置，并且都可以配套使用，出现在分句句首或动词前。不同的是维吾尔语的关联标记有的出现在句末位置上，汉语则不能。汉语的关联标记可以重复搭配使用，而维吾尔语则不能。

在第六章中，我们以政论文体《十九大报告》《二十大报告》的汉维对译材料为研究对象，首先考察了《十九大报告》《二十大报告》中对应语言表达的异同点，接着考察了汉维连贯复句对应表达的特点，其中不仅包括汉维连贯复句对应表达的数据量化分析，还包括了对应表达形式上的特点以及汉维连贯复句关联模式的数据量化分析。进而我们对汉语连贯复句在维吾尔语中的表达手段进行了分析，指出汉语连贯复句在维吾尔语中对应时采用"态"语缀标记和固定句式表达。

参考文献

一、期刊

[1]安占峰，杨文革.维吾尔语单、复句的区分标准[J].新疆职业大学学报，2002（3）.

[2]陈倍春.区分单句复句的标准问题[J].河南大学学报，1985（5）.

[3]程试.维吾尔语选择复句的逻辑基础[J].新疆大学学报（哲学社会科学版），1982（2）.

[4]崔希亮.试论关联形式"连…也/都…"的多重语言信息[J].世界汉语教学，1990（3）.

[5]储泽祥，陶伏平.汉语因果复句的关联标记模式与联系项居中原则[J].中国语文，2008（5）.

[6]丁力.复句三分系统分类的心理依据[J].汉语学报，2006（3）.

[7]邓云华.汉语并列短语标记隐现的认知研究[J].湖南科技学院学报，2008（9）.

[8]方霁.现代汉语祈使句的语用研究（上）[J].语文研究，

1999（4）.

[9]方梅.指示词"这"和"那"在北京话中的语法化[J].中国语文，2002（4）.

[10]高莉琴.维吾尔语里"P副动词+定式动词"形式的分类与划分[J].语言与翻译，1994（4）.

[11]胡裕树，范晓.试论语法研究的三个平面[J].新疆师范大学学报，1985（2）.

[12]胡明扬、劲松.流水句初探[J].语言教学与研究，1989（4）.

[13]贺阳.汉语完句成分试探[J].语言教学与研究，1994（4）.

[14]胡裕树，范晓.深化"三个平面"理论的研究[J].韩山师范学院学报，1995（2）.

[15]黄行，赵明鸣.我国少数民族语言类型学研究[J].中国社会科学院院报，2004.

[16]胡金柱，吴锋文.汉语复句关系词库的建设及其利用[J].语言科学，2010（2）.

[17]解牛.现代维吾尔语单复句划分标准[J].语言与翻译，1994（1）.

[18]金晓艳.后时连接成分的连用与合用[J].汉语学习，2006（2）.

[19]金晓艳、马庆株.汉语时间连接成分的位置考察[J].语言科学，2010（3）.

[20]孔令达.影响汉语句子自足的语言形式[J].中国语文，

1994（6）.

[21]陆俭明.副词独用考察[J].语言研究，1983（2）.

[22]李育林，邓云华.并列短语标记性的认知研究[J].外语与外语教学，2009（4）.

[23]刘宇红.George Lakoff 语言理论的发展历程[J].外语教学，2002（5）.

[24]刘丹青.汉语给予类双及物结构的类型学考察[J].中国语文，2001（5）.

[25]刘丹青.汉藏语言的若干语序类型学课题[J].民族语文，2002（5）.

[26]刘丹青.语言类型学与汉语研究[J].世界汉语教学，2003（4）.

[27]刘丹青.语法调查与研究中的从属小句问题[J].当代语言学，2005（3）.

[28]刘丹青.汉语的若干显赫范畴：语言库藏类型学视角[J].世界汉语教学，2012（3）.

[29]刘丹青.汉语及亲邻语言连动式的句法地位和显赫度[J].民族语文，2015（3）.

[30]陆丙甫，金立鑫.关于多重复句的层次问题[J].汉语学习，1988（5）.

[31]陆丙甫.关于建立深一层的汉语句型系统的刍议[J].语言研究，1993（1）.

[32]陆丙甫.从宾语标记的分布看语言类型学的功能分析[J].当代语言学，2001（4）.

[33]李晓琪.现代汉语复句中关联词的位置[J].语言教学与研究，1991（2）.

[34]李军，王永娜.也谈转折复句的内部分类[J].暨南大学华文学院学报，2004（2）.

[35]李凤吟.表双重转折的两种"倒是"句比较[J].汉语学习，2005（3）.

[36]李晋霞.论话题标记"如果说"[J].汉语学习，2005（1）.

[37]李晋霞，刘云.复句类型的演变[J].汉语学习，2007（2）.

[38]刘云，俞士汶."句管控"与中文信息处理[J].汉语学报，2004（2）.

[39]刘云.复句关系词语离析度考察[J].语言教学与研究，2008（6）.

[40]李丹弟.汉语并列连接词在分句中的位置[J].汉语学习，2010（4）.

[41]陆丙甫，系的个案分析[J].中国语文，2010（4）.

[42]李占炳，金立鑫.并列标志的类型学考察[J].民族语文，2012（4）.

[43]罗进军.有标假设复句的语用价值特征[J].汉语学习，2011（1）.

[44]李燕萍.从维吾尔语谚语中的复句看现代维吾尔语复句的演变[J].喀什师范学院学报，2006（5）.

[45]李晋霞.论汉语复句分类的形式特征[J].语文研究，2017（3）.

[46]卢顺英.谈谈"了1"和"了2"的区别方法[J].中国语文，1991（4）.

[47]李铁根."了1"和"了2"的区别方法的一点商榷[J].中国语文，1992（3）.

[48]刘勋宁.现代汉语词尾"了"的语法意义[J].中国语文，1988（5）.

[49]李熙宗.语体的习得与语体的形成[J].当代修辞学，2016（6）.

[50]蔺若晨.谈谈多重复句的分析[J].长治学院学报，2011（6）.

[51]木再帕尔.维吾尔语的准连动结构[J].双语教育研究，2017（1）.

[52]莫超.关联词语的定位与主语的关系[J].兰州大学学报，1997（1）.

[53]马清华.并列连词的语法化轨迹及其普遍性[J].民族语文，2003（1）.

[54]马清华.关联标记的结构控制作用[J].汉语学习，2006（6）.

[55]倪祥和.论单句复句的区分标准和几种句型的区分[J].阜阳师范学院学报，1985（2）.

[56]马明艳."要不是"句式的三维考察[J].宁夏大学学报，2005（6）.

[57]蒲泉，郝雷.议维吾尔语条件和假设复句的划界[J].语言与翻译，1996（4）.

[58]屈哨兵."由于"句的语义偏向[J].中国语文，2002（1）.

[59]热合曼·汗巴巴，罗焕准.现代维吾尔语复句[J].语言与翻译，1989（4）.

[60]热合曼·汗巴巴，罗焕准.现代维吾尔语复句(续) [J].语言与翻译，1990（1）.

[61]孙良明.从汉语动词特点谈汉语无单句、复句之分[J].山东师范大学学报，1983（1）.

[62]石安石.怎样确定多重复句的层次[J].语文研究，1983（2）.

[63]沈开木.句法的层次性、递归性及其在多重复句分析中的利用[J].汉语学习，1982（5）.

[64]沈开木.单句复句区分存在的问题[J].四川师范学院学报，1989（2）.

[65]沈家煊.〈类型和共性〉评价[J].国外语言学，1991（3）.

[66]沈家煊.语法化研究综观[J].外语教学与研究，1994（4）.

[67]沈家煊.复句三域"行、知、言"[J].中国语文，2003（6）.

[68]沈家煊.关于词法类型和句法类型[J].中国语文，2006（6）.

[69]沈家煊.语言类型学的眼光[J].语言文字应用，2009（3）.

[70]邵敬敏，胡宗哲.复句研究的一个新突破——评〈现代汉语复句新解〉[J].语文研究，1996（2）.

[71]邵敬敏.建立以语义特征为标志的汉语复句教学新系统刍议[J].世界汉语教学，2007（4）.

[72]邵敬敏.连A也/都B框式结构及其框式化特点[J].语言科学，2008（4）.

[73]图尼莎·吾守尔.汉语连动式句子的维语翻译的表达[J].语言与翻译，1999（1）.

[74]陶伏平."不A不B"格式考察[J].湖南科技学院学报，2008（1）.

[75]文炼.句子的理解策略[J].中国语文，1992（4）.

[76]王艾录.汉语成句标准思考[J].山西大学学报，1994（4）.

[77]王艾录.汉语成句理据再思考[J].盐城师范学院学报，2007（5）.

[78]王振来.关联词语的经络连接功能[J].大连民族学院学报，2002（2）.

[79]汪国胜，刘秀明.关于多重复句的分析[J].华中科技大学学报（社会科学版），2004（6）.

[80]王祥.多重复句与关联词语[J].牡丹江师范学院学报，1994（3）.

[81]王忠玲.转折复句语义分类的新尝试[J].华中师范大学学报（人文社科版），2001（5）.

[82]吴锋文.从信息处理看汉语复句分类研究[J].信阳师范学院学报（哲学社会科学版），2011（4）.

[83]吴锋文.基于关系标记的汉语复句分类研究[J].汉语学

报，2011（2）.

[84]吴锋文.基于本体的汉语复句分类初探[J].宁夏大学学报，2015（4）.

[85]伍铁平.语言类型学研究的意义[J].学术研究，1988（3）.

[86]邢福义.汉语复句格式对复句语义关系的反制约[J].中国语文，1991（1）.

[87]邢福义.汉语复句与单句的对立与纠结[J].世界汉语教学，1993（1）.

[88]邢福义."由于"句的语义偏向辨[J].中国语文，2002（4）.

[89]邢福义、姚双云.连词"为此"论说[J].世界汉语教学，2007（2）.

[90]邢欣.简述连动式的结构特点及分析[J].新疆师范大学学报，1987（3）.

[91]邢欣.视角转化与语篇衔接[J].修辞学习，2007（1）.

[92]邢欣.现代汉语与维吾尔语致使句型比较[J].汉语学报，2008（2）.

[93]许余龙.语言类型区别与翻译[J].外国语，1987（3）.

[94]许余龙.论语言对比基础的类型[J].外国语，1988（3）.

[95]许余龙.对比语言学的定义与分类[J].外国语，1992（4）.

[96]许伊娜.维吾尔语与俄语副动词范畴类型比较[J].语言与翻译，1999（3）.

[97]许伊娜.维吾尔语多谓项结构句中–⁰p副动词形式[J].民族语文，1999（2）.

[98]许伊娜.从维吾尔语副动词的功能特征看突厥语副动词范畴[J].民族语文，1997（4）.

[99]许伊娜.从对比角度看维吾尔语副动词多谓项结构[J].语言与翻译，1998（2）.

[100]许伊娜.阿尔泰诸语句法类型及副动词范畴[J].民族语文，2001（1）.

[101]谢蓓.对复句分类研究的回顾与思考[J].重庆科技学院学报，2006（6）.

[102]谢晓明."难怪"因果句[J].语言研究，2010（2）.

[103]徐燕青.现代汉语"况且"句的篇章分析[J].世界汉语教学，2008（4）.

[104]喻捷.维吾尔语中以"p收尾的副动词＋助动词"结构[J].新疆大学学报，1986（1）.

[105]姚亚平.多重复句的分析模型 —— 兼谈语法分析的作用与目的[J].汉语学习，1990（3）.

[106]姚双云.小句中枢理论的应用与复句信息工程[J].汉语学报，2005（4）.

[107]姚双云.连词"结果"的语法化及其语义类型[J].古汉语研究，2010（2）.

[108]张静.单句、复句的定义和划界问题[J].中州学刊，1983（3）.

[109]赵平.汉维复句中关联词语的对比[J].新疆大学学报

（哲学社会科学版），1997（4）.

[110]祝克懿.并列复句和承接复句的话语结构[J].信阳师范学院院报（哲学社会科学版），1998（8）.

[111]宗守云."倒是"转折句的语义模式[J].汉语学习，2001（1）.

[112]张谊生."就是"的篇章衔接功能及其语法化历程[J].世界汉语教学，2002（3）.

[113]周静."甚至"的篇章衔接功能和语法化历程[J].暨南大学学报（哲学社会科学版），2004（5）.

[114]张文贤，邱立坤.基于语料库的关联词搭配研究[J].世界汉语教学，2007（4）.

[115]张宝胜."宁可"复句的语义特征[J].语言研究，2007（1）.

[116]张建.汉语复句关联标记模式的组合经济性[J].汉语学报，2012（4）.

[117]张世禄.汉语语音发展的规律[J].徐州师范学院学报，1980（2）.

[118] 郑燕.维吾尔语递进复句的语义关系范畴考察[J].语言与翻译，2017（1）.

二、著作

[1]阿孜古丽·阿不力米提.维吾尔语基础教程[M].北京：中央民族大学出版社,2006.

[2]伯纳德·科姆里.语言共性和语言类型[M].沈家煊，罗天华,译.北京：北京大学出版社,2010.

[3]陈世民、热扎克.维吾尔语实用语法[M].乌鲁木齐：新疆大学出版社，1991.

[4]程适良.现代维吾尔语语法[M].乌鲁木齐：新疆人民出版社，1996.

[5] C.J.菲尔墨."格"辨[M].胡明扬，译.北京：商务印书馆，2012.

[6]陈望道.修辞学发凡[M].上海：复旦大学出版社，2008.

[7]楚泽祥.汉语联合短语研究[M].长沙：湖南大学出版社，2002.

[8]戴庆夏，汪锋.语言类型学名篇译丛 — 语言类型学的基本方法与理论框架[M].北京：商务印书馆，2014.

[9]范晓.三个平面的语法观[M].北京：北京语言文化大学出版社，1996.

[10]范晓.汉语的句子类型[M].山西：书海出版社，1998.

[11]高名凯.语法理论[M].北京：商务印书馆，1960.

[12]哈米提·铁木尔.现代维吾尔语语法·形态学[M].北京：民族出版社2011.

[13]黄伯荣，廖序东.现代汉语：（增订第四版）[M].北京：高等教育出版社，2007.

[14]黄国文.语篇分析概要[M].长沙：湖南教育出版社，1988.

[15]胡壮麟.语篇的衔接与连贯[M].上海：上海外语教育

出版社，1994.

[15]金立鑫.语言类型学探索[M].北京：商务印书馆，2017.

[16]吕叔湘.汉语语法论文集：(增订本)[M].北京：商务印书馆，1984.

[17]吕冀平.汉语语法基础[M].哈尔滨：黑龙江人民出版社，1983.

[18]李临定.现代汉语句型：（增订本）[M].北京：商务印书馆，2011.

[19]陆丙甫.定语的外延性、内涵性和称谓性及其顺序：语法研究与探索[第四卷][M].北京：北京大学出版社，1998.

[20]力提甫·托乎提.维吾尔语及其他阿尔泰语言的生成句法研究[M].北京：民族出版社，2001.

[21]力提甫·托乎提.从短语结构到最简方案–阿尔泰语言的句法结构[M].北京：中央民族大学出版社，2004.

[22]力提甫·托乎提.现代维吾尔语参考语法[M].北京：中国社会科学出版社出版，2012.

[23]刘丹青.语法调查研究手册[M].上海：上海教育出版社，2008.

[24]刘丹青.语序类型学与介词理论[M].北京：商务印书馆，2013.

[25]刘丹青.语言类型学[M].上海：中西书局，2017.

[26]刘丹青，曹瑞炯.语言类型学[M].上海：中西书局，2017.

[27]吕叔湘，朱德熙.语法修辞讲话[M].北京：中国青年出版社，1952.

[28]吕叔湘.中国文法要略（增订本）[M].北京：商务印书馆，1982.

[29]吕叔湘.汉语语法论文集[M].北京：商务印书馆，1984.

[30]吕叔湘.现代汉语八百词（增订本）[M].北京：商务印书馆，1999.

[31]吕叔湘.中国文法要略[M].北京：商务印书馆，2014.

[32]吕冀平.汉语语法基础[M].哈尔滨：黑龙江人民出版社，1983.

[33]黎锦熙，刘世儒.汉语语法十八课[M].北京：商务印书馆，1957.

[34]黎锦熙（1992）《新著国语文法》，北京：商务印书馆。

[35]陆丙甫.核心推导语法[M].上海：上海外语教育出版社，1993.

[36]陆丙甫，金立鑫.语言类型学教程[M].北京：北京大学出版社，2015.

[37]陆俭明，沈阳.汉语和汉语研究十五讲[M].北京：北京大学出版社，2007.

[38]马建忠.马氏文通[M].北京：商务印书馆，2010.

[39]沈家煊.不对称与标记论[M].南昌：江西教育出版社，1999.

[40]邵敬敏.现代汉语通论精编[M].上海：上海教育出版社，2012.

[41]宋玉柱.现代汉语语法十讲[M].天津：南开大学出版社，1987.

[42]宋在晶.语言类型学[M].北京：北京大学出版社，2008.

[43]王维贤，张学成.现代汉语复句新解[M].上海：华东师范大学出版社，1994.

[44]王维贤.现代汉语语法理论研究[M].北京：语文出版社，1997.

[45]王维贤."了"字补议：语法研究与探索（第五卷）[M].北京：语文出版社，2003.

[46]吴竟存，侯学超.现代汉语句法分析[M].北京：北京大学出版社，1982.

[49]辛安亭，黄伯荣.长句分析[M].北京：中国社会科学出版社，1983.

[50]邢福义.复句与关系词语[M].哈尔滨：黑龙江人民出版社，1985.

[51]邢福义.汉语复句研究[M].北京：商务印书馆，2001.

[52]许余龙.对比语言学概论[M].上海：上海外语教育出版社，1992.

[53]徐烈炯，刘丹青.话题的结构与功能[M].上海：上海教育出版社，2007.

[54]薛玉萍.维汉空间范畴表达对比研究[M].广州：世界图书出版公司，2016.

[55]易坤秀，高士杰.维吾尔语语法[M].北京：中央民族

大学出版社，1983.

[56]杨承兴.现代维吾尔语语法[M].乌鲁木齐：新疆大学出版社，2002.

[57]姚双云.复句关系标记的搭配研究[M].武汉：华中师范大学出版社，2008.

[58]袁毓林.现代汉语祈使句研究[M].北京：北京大学出版社，1993.

[59]张斌.新编现代汉语：（第二版）[M].上海：复旦大学出版社，2008.

[60]周刚.连词与相关问题[M].合肥：安徽教育出版社，2002.

[61]徐阳春.现代汉语复句句式研究[M].北京：中国社会科学院出版社，2002.

[62]张伯江，方梅.汉语功能语法研究[M].南昌：江西教育出版社，2005.

[63]张敏.认知语言学与汉语名词短语[M].北京：中国社会科学出版社，1998.

[64]张宜生.现代汉语副词研究[M].上海：学林出版社，2000.

[65]张谊生.现代汉语副词研究[M].北京：商务印书馆，2014.

三、论文

[1]丁志丛.汉语有标转折复句的关联标记模式及使用情况考察[D].湖南师范大学，2008.

[2]邓云华.汉语联合短语的类型与共性研究[D].湖南师范大学，2004.

[3]郭中.现代汉语复句关联模式的类别研究[D].华中师范大学，2013.

[4]李波.语言类型学视野下的汉日语序对比研究[D].上海外国语大学，2011.

[5]马清华.并列结构的自组织研究[D].华东师范大学，2004.

[6]王翠.俄语语序的类型学研究[D].上海外国语大学，2011.

[7]肖任飞.现代汉语因果复句优先序列研究[D].华中师范大学，2009.

[8]周静.现代汉语递进范畴研究[D].华东师范大学，2003.

四、外文文献

[1]DIK S.*Coordination*.amsterdam:North Holland,1968.

[2]HALLIDAY M A K.*Notes on transitivity and theme in English.Journal of Linguistics*,1968(3).

[3]HALLIDAY M A K.and Ruqaiya Hasan.*Cohesion in*

English.London:Longman,1976.

[4]LEHMANN C.*Thoughts on Grammaticalization*. Newcastle:Lincom Europa,1995.

[5]SIEWIERSKA A *Functional and cognitive grammar.*《外语教学与研究》2011，43（05）.

[6]Goldberg, Adele. *A Construction Grammar Approach to Argument Structure*. Chicago: The Chicago University Press,1995.

[7]Goldberg, Adele. *Constructions: A new theoretical approach to language. Language*,2003(03).

[8]Goldberg, Adele E. and Ray Jacken doff *The English resultativeasa family of constructions. Language*, 2004,80(03).

[9]LANGACKER R W. *Foundations of Cognitive Grammar Vol.II,Descriptive Application*. Stanford:Stanford University Press, 1991.

[10]HEINE B, CLAUDI U, HUNNEMEYER F *Grammaticalization: A conceptual frame-work*. Chicago: The University of Chicago Press,1991.

[11]SWEETSER, Eve. *From etymology to pragmatics: Metaphorical and cultural aspects of semantic structure*. Cambridge: Cambridge University Press,1990.

[12]TRAUGOTT, E C. *From propositional to textual to expressive meanings: some semantic-pragmatic aspects of grammaticalization*. In Lehmann, W.P.& Y. Malkiel eds. *Perspectives in historical linguistics*. Amsterdam: John

Benjamins,1989.

[13]GREENBERG, JOSEPH H. *A quantitative approach to the morphological typology of language .International Journal of American linguistics*,1989.

[14]GREENBERG, JOSEPH H. *Language Typology, historicaland analytic overview.*Den Haag & Paris:Mouton,1974.

[15]HAWKINS J. *A World order universals.* New York: Academic Press,1983.

附录

本文所使用的缩略语及符号

1）字母：$-^0p=-p/-ip/-up/-yp$

2）连字符号"–"代表缀接关系，（动词词干）–态–体–肯定否定–式/时–人称–数。

3）领属格：领属格词尾

4）从属格：从属格词尾

5）向格：向格词尾

6）从格：从格词尾

7）位格：位格词尾

8）1：第一人称

9）2：第二人称

10）3：第三人称

11）普：普称

12）尊：尊称

13）被动：被动态词尾

14）使动：使动态词尾

15）中动：中动态词尾

16）集合：集合态

17）体：体词尾

18）助动：助动词

19）系动：系动词

20）虚拟：虚拟式词尾

21）肯定：肯定词尾

22）否定：否定词尾

23）动名：动名词尾

24）形动：形动词尾

25）副动：副动词尾

26）过去时：过去时词尾

27）现在时：现在时词尾

28）将来时：将来时词尾

29）直陈：直接陈述式词尾

30）间陈：间接陈述式词尾

本文所使用的转写符号

国际音标（IPA）、现代维吾尔语字母（UEY）对应表

NO	IPA	UEY	NO	IPA	UEY
1	/ɑ/	ئا	17	/q/	ق
2	/ɛ/	ئە	18	/k/	ك
3	/b/	ب	19	/g/	گ
4	/p/	پ	20	/ŋ/	ڭ
5	/t/	ت	21	/l/	ل
6	/dʒ/	ج	22	/m/	م
7	/tʃ/	چ	23	/n/	ن
8	/χ/	خ	24	/h/	ھ
9	/d/	د	25	/o/	ئو
10	/r/	ر	26	/u/	ئۇ
11	/z/	ز	27	/ø/	ئۆ
12	/ʒ/	ژ	28	/y/	ئۈ
13	/s/	س	29	/v/	ۋ
14	/ʃ/	ش	30	/e/	ئې
15	/ʁ/	غ	31	/i/	ئى
16	/f/	ف	32	/j/	ي

表1 维吾尔语从属性人称附加成分及示例表
（参见杨承兴《现代维吾尔语语法》第19页）

人称			以元音收尾	以辅音收尾			示例
				圆唇		非圆唇	（领属–从属）
				前	后		
第一人称		单	–m	–ym	–um	–im	meniŋ qolum / meniŋ ailεm
		复	–miz	–imiz			bizniŋ qolimiz / bizniŋ ailimiz
第二人称	普称	单	–ŋ	–yŋ	–uŋ	–iŋ	siniŋ qoluŋ / siniŋ ailεŋ
		复	–ŋlar	–yŋlar	–uŋlar	–iŋlar	silεrniŋ qoluŋlar / silεrniŋ ailεŋlar
	尊称		–ŋiz	–iŋiz			sizniŋ qoliŋiz / sizniŋ ailiŋiz
	敬称		–liri	–liri			siliniŋ qolliri /siliniŋ aililiri
第三人称			–i	–si			uniŋ /ularniŋ qoli;uniŋ / ular ailisi

表2 维吾尔语格位附加成分表（参见杨承兴《现代维吾尔语语法》第26页）

格位名称	以元音或浊辅音收尾		以清辅音收尾	
	后元音	前元音	后元音	前元音
主格	原词干			
宾格	–ni			
领有格	–niŋ			
向格	–ʁa	–gε	–qa	–kε

格位名称	以元音或浊辅音收尾		以清辅音收尾	
	后元音	前元音	后元音	前元音
时位格	–da	–dɛ	–ta	–tɛ
从格	–din		–tin	
止格	–ʁiʧɛ	–giʧɛ	–qiʧɛ	–kiʧɛ
范围格	–diki		–tiki	
形似格	–dɛk		–tɛk	
量似格	–ʧɛ 或 –ʧilik			

表3 谓语动词直陈一般现在时／将来时人称一致性对应关系及示例表
（参见杨承兴《现代维吾尔语语法》第159页）

人称、数			附加成分	示例
第一人称	单数		–imɛn/–jmɛn	kørimɛn/qollajmɛn
	复数		–imiz/–jmiz	kørimiz/qollajmiz
第二人称	普称	单数	–jsɛn/–isɛn	kørisɛn/qollajsɛn
		复数	–isilɛr/–jsilɛr	kørisilɛr/qollajsilɛr
	尊称		–isiz/–jsiz	kørisiz/qollajsiz
	蔑称（复）		–isɛn+集合态	køryʃisɛn/qolliʃisɛn
	敬称	单数	–idila/–jdila	køridila/qollajdila
		复数	–idila+集合态	køryʃidila/qolliʃidila
第三人称			–jdu/–idu	Køridu/qollajdu

表4 谓语动词直陈一般过去时人称一致性对应关系及示例表
（参见杨承兴《现代维吾尔语语法》第163页）

人称	数		附加成分	示例
第一人称	单数		–dim/–tim/–dum/–tum –dym/–tym	aldim/kɛttim/boldum /tuttum/kørdym/øttym
	复数		–duq/–tuq	alduq/øttuq
第二人称	普称	单数	–diŋ/–tiŋ/–duŋ/–tuŋ/–dyŋ/–tyŋ	aldiŋ/kɛttiŋ/bolduŋ/ tuttuŋ kørdyŋ/øttyŋ
		复数	–diŋlar/–tiŋlar/–duŋlar/–tuŋlar –dyŋlar/–tyŋlar	aldiŋlar/kɛttiŋlar/ bolduŋlar /tuttuŋlar/kørdyŋlar/ øttyŋlar
	尊称（单）		–diŋiz/–tiŋiz	aldiŋiz/øttiŋiz
	敬称	单数	–dila /–tila/–dilɛ/–tilɛ	aldila/kɛttilɛ/kørdilɛ/ tuttila
		复数	–tila/–tilɛ+集合态	eliʃtila/ketiʃtilɛ
	蔑称（复）		普称单数+集合态	eliʃtiŋ/køryʃtyŋ
第三人称			–ti/–di	aldi/øtti

表5 维吾尔语动词的语态语缀（参见力提甫·托乎提《现代维吾尔语参考语法》第274页）

语态名称	语态语缀	示例
基本态	Ø	maŋ–（走）kør–（看见）ur–（打） uʃ–（飞）

续表

语态 名称	语态语缀	示例
使动态	$-^0$t（$-t$/$-it$/$-ut$/$-yt$）；$-^0$r（$-r$/$-ir$/ ur/$-yr$）；$-iz$/$-sɛt$； DUr（$-dur$/tur/$-dyr$/$-tyr$）； DUz（$-ʁuz$/$-quz$/$-gyz$/$-kyz$）	maŋdur-（让走、使走）；kørsɛt- （使看、展出）；urʁuz-（使打）； uʧur-（使飞、放飞）
被动态	$-^0$l（-1/$-il$/$-ul$/$-yl$）； $-^0$n（$-n$/$-in$/$-un$/$-yn$）	Køryl-（被看见、被发现）； urul-（被打）
反身态	$-^0$n（$-n$/$-in$/$-un$/$-yn$）； $-^0$l（-1/$-il$/$-ul$/$-yl$）	køryn-（让……看、露面）； urun-（自己把自己推向、试图）
交互态	$-^0$ʃ（$-ʃ$/$-iʃ$/$-uʃ$/$-yʃ$）	køryʃ-（见面、会面）；uruʃ-（打 架、相互打）

表6 维吾尔语体成分（参见力提甫·托乎提《现代维吾尔语参考语法》 第351-354页）

体范畴 名称	语缀	体范畴名称	语缀
进行体	$-^0$wat（$-wat$/$-iwat$/$-uwat$/$-ywat$）	起始体	$-(ʁili)baʃla-$
欲动体	$-ʁili$/$-qili$/$-gili$/$-kili$+$-^0$wat	呈现体	qal-
能动体	$-la$/$-lɛ$/$jala$/$-jɛlɛ$	先动体	qoj-
无阻体	$-wɛr$/$-iwɛr$	强化体	kɛt-
尝试体	baq/$-kør$	处置体	$-^0$wɛt-($<-^0$p ɛt-)
除去体	taʃla-	利他体	bɛr-
利己体	$-^0$wal($<-^0$p al)	完成体	bol-
终结体	ʧiq-	执行体	øt-
一贯体	kɛl-	重复体	tur-
投入体	jyr-	分心体	oltur-

表7　维吾尔语性质形容词比较级附加成分表
（参见杨承兴《现代维吾尔语语法》第58–61页）

性质形容词等级	语缀
原级	原词形，如qara（黑）/aq（白）/pakiz（干净）
减弱级	比较减弱级：原级形容词+rɛk/raq。 如：køp-køprɛk（多一点）；jeqin-jeqinraq（近一点）
	性质减弱级：aʧ/sus+原级形容词。 如：aʧ qara/sus qara（浅黑）；aʧ qizil/sus qizil（粉红）
加强级	叠音：增加–p，如qizil–qipqizil（红彤彤）;qara–qapqara（黑黝黝）
	重叠词干：egiz–egiz（高高的）;ʧo–ʧo（大大的）;jeŋi–jeŋi（新新的）
最高级	ɛŋ+原级形容词。如：ɛŋ ʧirajliq（最漂亮）;ɛŋ egiz（最高）